正々堂々とできる!

公務員の副業・転職・起業

公務員対策指導塾 松村塾代表
松邑和敏

エクシア出版

はじめに ～本書の目的～

公務員は、安定した職業の代名詞と言えるものであるが、近年は退職金の減額や社会保険料の増額により、高待遇とは言えない職業になっている。私は2016年から2020年まで、5年間市役所に勤めてきた。地方の中小企業よりは恵まれた待遇であると実感する一方で、年々増える社会保険料を見て、将来的に家庭を築いて子どもを2人育て、一軒家を建てた後に、大学までの教育費を負担することを考えると、公務員一人の給与では賄うことが厳しいと実感した。さらに、行政ニーズの多様化により、少ない人数で多くの仕事を抱える必要があることから、ワークライフバランスを保つことができない公務員の方々も多くいる。

こういった状況を考慮して、公務員から転職する人は増加傾向にある。2021年の人事院調査では、将来的に転職を考えている新卒国家公務員の割合は36%であり、4年前と比較して9ポイント高まった。また、エン・ジャパンの調査によると、2022年度に30代で公務員からスタートアップ（設立20年未満の企業）へ転職した人数は、2020年度と比較し7倍以上の数値を示している。

これらのデータが示すように、公務員も終身雇用が終わりつつあり、公務員だからといって、特定の組織に依存し、毎月決まった額の給与だけで節約して慎ましく生きる必要はない。実際に、現役公務員で金融知識を身につけ資産運用をうまく行うことで、ローンを組むことなく一軒家を購入した方もいる。また、公務員時代の経験を活かして、転職・起業により遥かに豊かな生活を実現した人も私を含め大勢いる。ほかにも、公務員としてのキャリアアップを実現し、より高待遇の行政機関や、国家総合職の内定を勝ち取り官僚への道を歩み出した人もいる。そんなこと自分にはできない、非現実的だと考えるかもしれないが、本書を読んで、成功者がどのように実現したかを知ると、その人しか実現できない特別なことばかりではないと気づくだろう。

現在、国もリスキリング（新しいスキルや知識を学び、新しい業務や仕事に活かすこと）を推奨しており、様々なスキルを社会人として習得し、会社の看板ではなく個人で戦う力を身につけようとする人が増えている。公務員も例外ではなく、特定の組織に依存し、公務員として課せられた仕事を延々とこなすだけでは、今の時代は豊かになれない。特定の組織に依存せず、個で戦う意識を持つことが必要である。つまり、日々向上心を持ち、たとえ現在勤めている行政機関を辞めることになっても、社会人として対外的に求められる能力を身につける意識を持って努力することが必要である。

公務員の方々は、高倍率の試験をくぐり抜けてきたからこそ、論理的思考力に優れている。また、社会的に信頼され得る地位にあり、様々な業界の人々と接することができるチャンスに恵まれている。「一度公務員になったら、民間では使い物にならない」など世間の情報に振り回される必要はない。あなたの本心に従って、望むべき人生を歩もうと努力すれば、必ず道は開ける。公務員としてのキャリアを活かし、より社会に必要とされる人材として成長するチャンスはたくさんある。本書では、これからの時代を生き抜く道筋を組み立て、あなたが公務員として、あるいは公務員のキャリアを活かして独立し、自分の力で豊かな生活を手にしていただけるように指南する内容を盛り込んだ。

将来的に公務員を辞めて起業を考える方、公務員から公務員へさらにキャリアアップを狙う方、公務員として現職にとどまりつつ豊かに暮らしたい方など、あらゆるパターンを想定して、取り組むべきことを紹介しているので、本書を参考にできることを一つひとつ実践してほしい。

目次

第2章　転職編

第3章 独立編 151

序章

このまま定年を迎えていいのか

組織に依存しない公務員のマインドセット

人生100年時代と言われ、社会情勢が大きく変わる中で、教育、仕事、引退という従来の3ステージの考えは通用しなくなる。引退が必然的に遅くなり、労働期間が長くなるだけでなく、一つの組織に依存するリスクも高まっていると考える。なぜなら、前述した社会保険料の上昇や退職金の減額により、特に若い世代の方々にとって、年配層の方々ほどの待遇が見込めない状況になっているからである。そこで、公務員も例外なく、従来の3ステージから、マルチステージへと人生モデルを移行することが求められている。

マルチステージでは、新卒で就職した会社などの組織に依存し、そこで働き続けることは一般的ではない。複数の仕事に携わり、必要に応じて転職することが一般的であり、そのために必要な専門知識やスキル取得を目指して資格を取得したり、大学院に通う必要がある。

この世の中の流れから、公務員も逃れることはできない。

そこで、あなたが今後、公務員としてキャリアアップを望む場合、あるいは将来的に公務員を辞めて独立しようと考えている場合、次の考えを必ず念頭に置いてほしい。

従来の3ステージからマルチステージへ

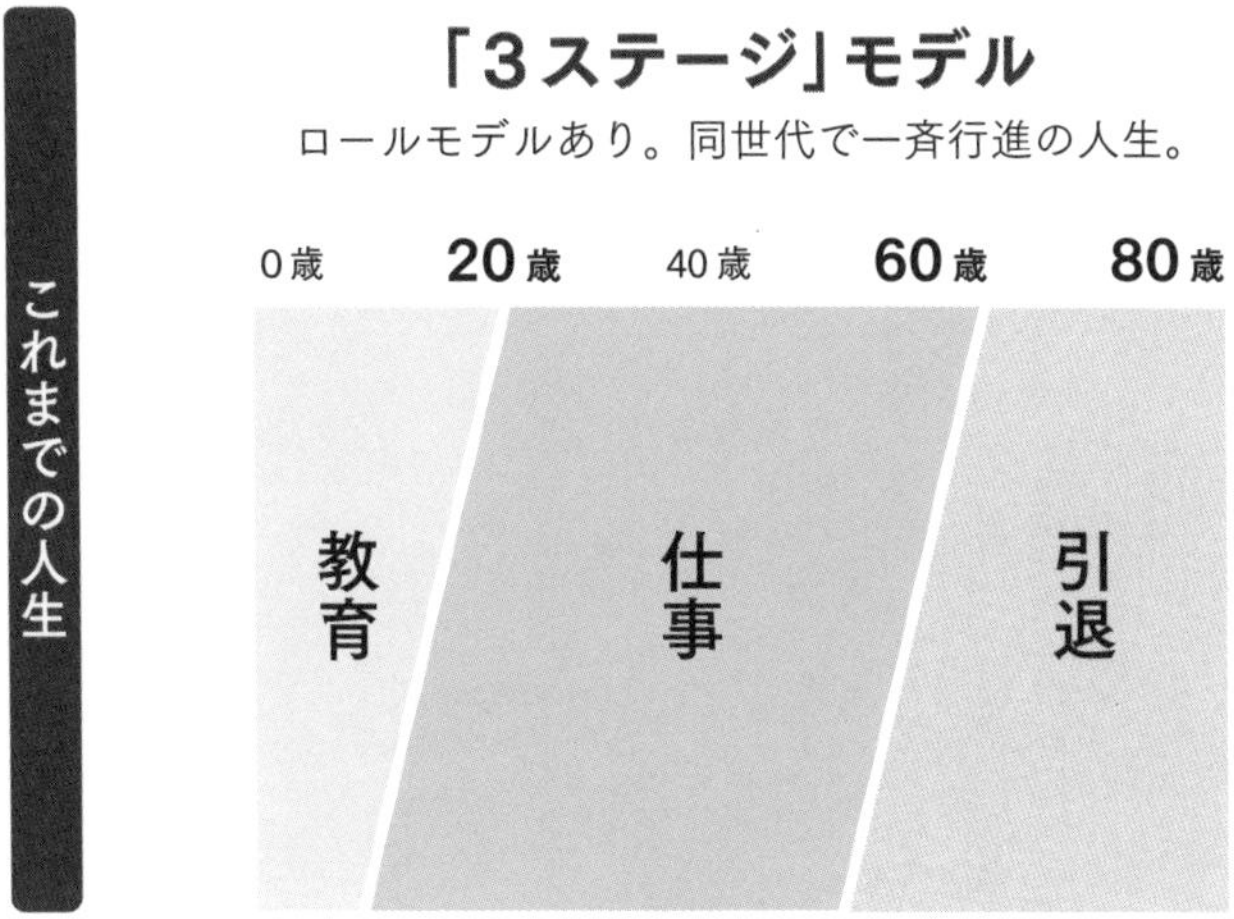

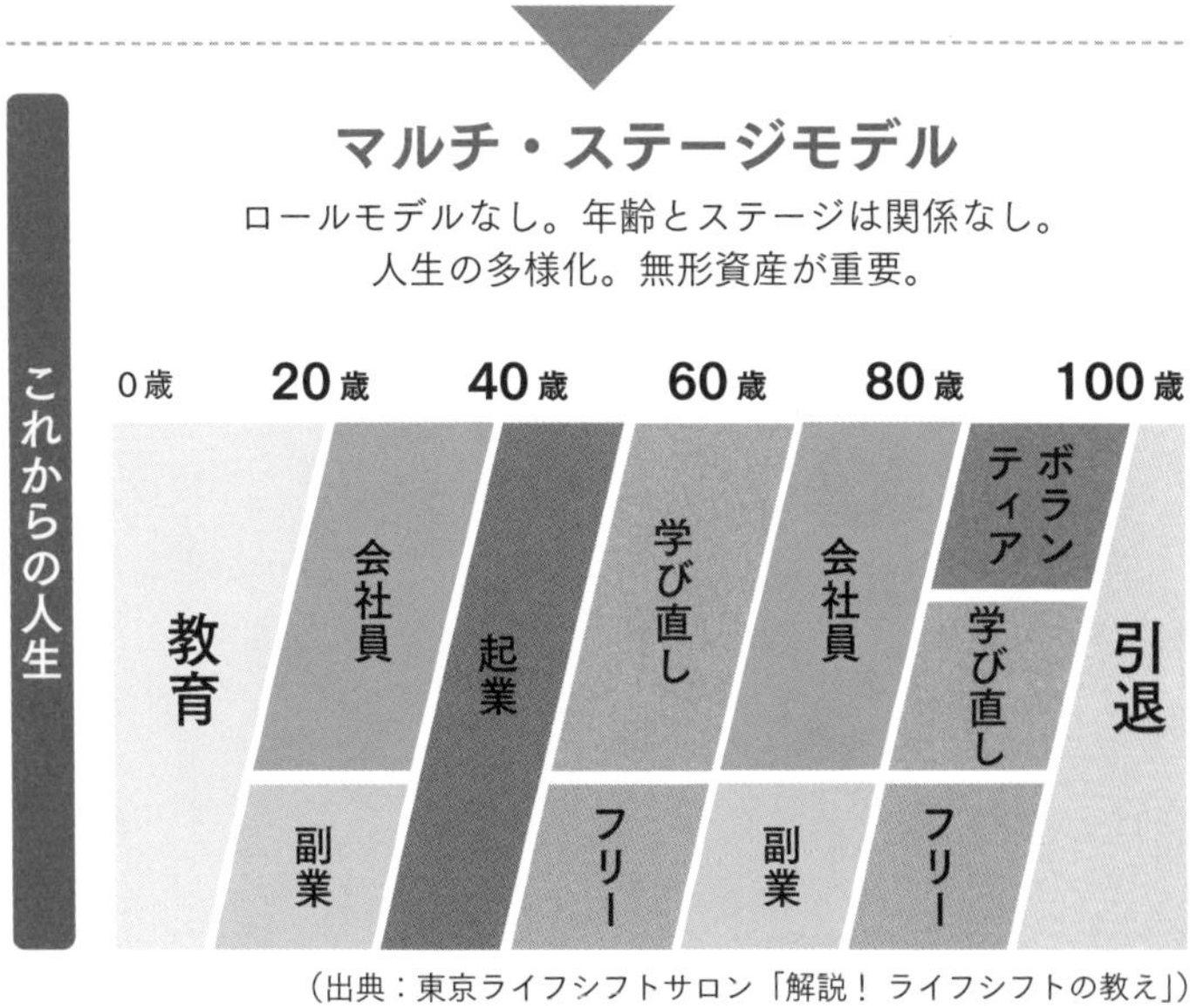

（出典：東京ライフシフトサロン「解説！ ライフシフトの教え」）

「他の人にはない、優れたものを持つこと」

公務員は、特に事務職だと数年単位で様々な部署に異動するので、仕事を通じて特定分野の専門家になることは難しい。だが、その状況に甘んじて、公務員は組織から抜けると社会で使えない人材になってしまうと断定しないようにしてほしい。他の人にはない、優れたものを持つには、まず自己投資を行う視点が重要である。

自己投資といえば、資格を取得する、自己啓発に勤しむといった行動が思い当たるだろう。実際に行政書士の資格を得て、法令に詳しい技術職の職員として活躍している方もいる。また、キャリアコンサルタントの資格を得て、管理職としてマネジメントに活かす課長職の方もいる。さらに、カラーコーディネーターの資格を得て、視覚的に見やすい資料づくりに役立てている職員もいるし、ワークショップデザイナーの考えを学ぶことで、住民説明会や、職場でのファシリテーション研修でその知識を活かしている方もいる。自分の職務に関連する資格取得に励み、他の人にはないスキルを持つことは、あなたが組織に依存せず生き抜いていける人材として成長する糧となるだろう。

特に、実務経験とそれに関連する資格があると、客観的に見て大きな武器となる。水道関連部署での公営企業経理の経験と、簿記資格があれば、経理に関する業務は即戦力として期待できる。空き家対策担当業務経験と、宅地建物取引士の資格を持っていると、他職員よりも空き家に関する施策の立案・実施の際、即戦力として活躍できると想像できる。このように、一つひとつ、他の人にはない強みを身につけていくと、組織内でも重宝されるし、転職する際も有利な立場で就職活動ができる。

だが、資格取得を行うだけが自己投資ではない。自分で発信する媒体を築いて、社会貢献する活動を展開することで、様々な道を切り開くこともできる。私は日頃の仕事を通じて、市職員の会話から、現役公務員の指導を受けて合格した方が一定数いることに気づいた。予備校の先生やキャリアコンサルタントといった専門職ではない現役県職員の指導を受け、市役所に合格できたという話を聞いた時、「俺も受験生にとって役立つ指導ができるかも」と思った。

当時は他人から対価を得て指導していたわけではなく、ボランティア活動の一環として、公務員試験を目指す受験生のために、市役所の仕事を解説した動画を２０１７年にＹｏｕＴｕｂｅにアップした。投稿して１か月ほど経ち、受験生から「目から鱗で有益なコンテンツだ」とコメントをいただくようになり、再生数が半年で６万再生まで到達したことがあった。ＹｏｕＴｕｂｅで音声だけを流したシンプルな動画にもかかわらず、これだけのニーズがあることに驚いた。このように、自分の日頃の気づきから、すぐに行動することで、思わぬ発見を得られることがある。この活動を継続することで、日頃の仕事にもっとやる気が出るし、受験生だけでなく、現役公務員の施策立案にも役立つコンテンツを配信することで、公務員の業界を活発化できるのではないかと考えた。私にとって、「公務員の志願者を支援し、かつ公務員に役立つコンテンツを築いて現役公務員を支援する活動を行うこと」が、他人にはない優れたものを持つという考えに結びついた瞬間だった。

この活動を行うことで、公務員にとっては当たり前だと思われている普段の経験が、受験生にとって喉から手が出るほど欲しい情報だったとわかった。市役所の仕事は辛いことがたくさんあったが、この経験が人に役立つコンテンツを提供できる価値へとつながると確信できたので、日頃の仕事が苦痛ではなくなった。

私は入庁後、事務職であるにもかかわらず、数億円単位の工事の現場監督を任され、不慣れな中でとても苦しい思いをした。しかし、そこで苦労した経験の一つひとつが、公務員を目指す受験生に、実体験に基づく具体的なアドバイスをできる知識を身につける礎《いしずえ》となったので、前向きに取り組むことができた。

私の経験はあくまで一例であるが、あなたが日頃取り組んでいる仕事は、ちょっとした気づきと行動によって、自分を大きく成長させる経験になる。そう考えることができた時、あなたは日頃の仕事が苦痛ではなくなる。

今後、公務員は国家・地方関係なく、少ないマンパワーで多くの困難な仕事を遂行していかないといけない。公務員としての使命感を持って精力的に業務に邁進する方も少なくないが、組織に尽くすという姿勢だけで頑張っても、肉体面や精神面で無理に無理を重ね、体を壊してしまう方を多く見てきた。特に、精神面で限界を迎える方がとても多かった。私自身も大変な業務に追い詰められて、病気休暇を取得した経験があるので、例外ではない。だからこそ、生きがいを持って働く姿勢が大事である。そのためには、広い視野を持って、この仕事が何に役立つのか、どのように自分を豊かにするのか考え、行動する必要がある。毎月決まった額をもらって、課された仕事をこなしてプライベートを充実させるという考えだけでは、今後ますます人材不足が深刻化する公務員の仕事に対応していくことはできないだろう。

序章のまとめ

- 公務員にとって、資格取得だけが自己投資ではない
- 日頃の業務を通じて得た「気づき」から行動することが、自分を精神的にも経済的にも豊かにするきっかけとなる
- 他人と異なる努力を1日1日積み重ねることで、やがて強力な武器となる

↓これら3点を念頭においたうえで、自己投資すること

COLUMN あなたが安心して副業を続けるうえで、最も大事なこと

お金が絡むことになると、人は簡単に裏切る。副業規定に則って仕事をしていても、副業していると同僚や恋人、親戚に伝えた結果、裏切りに遭って自ら身を滅ぼすことになった公務員の方を私は知っている。

だからこそ、むやみに周りの人に副業していることを伝えないほうがいい。周りの人に伝える場合は、利益はあまりないが、地域のために尽力している活動であるという言い方にとどめておいたほうが良い。そういった伝え方ができない性質の副業をしている場合は、絶対に周りの人に伝えてはいけない。

私自身も、公務員時代に思わぬ人から裏切りに遭って、危うく家業の手伝いを辞めざるを得ないところまで追い込まれたことがある。精神衛生的にも、堂々と副業できるように人事には調整しておいたほうが良いが、社会的地位を脅かされることなく、安心して続けるには、余計なことを周りに言わないように心がけてほしい。

第1章

副業編

スペシャル対談（前編）

【日本株投資】こそ職務を全うしながら実現可能な資産運用手法だ！

松邑　公務員の給料も上がらない昨今、将来に経済的な不安を抱きながらも、転職、はたまた起業はさすがにハードルが高すぎる……とお考えの現役公務員の方もかなりいらっしゃるのではないかと思います。

そういった中、副業の一環として「本業によって得られる給料をより効率よく運用する」といった手法もあるかと思います。しかし私は正直、資産運用に関してはさほど知識を持ち合わせてなく、そういったお話は不得意分野であります。

そこで今回、多くの金融商品が存在する中で最も身近な【日本株投資】に着目し、実際に現役の地方公務員でありながら着実に資産を積み上げていらっしゃる方に登場していただきました。いろいろ参考になるお話が聞けるかと思い、お会いできるのを非常に楽しみにしていました。それではまずは自己紹介からお願いします。

星野　はじめまして。星野タカユキと申します。中途採用により某地方都市の公務員に採用され、現在は49歳で妻と社会人の長男、そして医療系専門学生の長女の４人家族で、金融機関への貯蓄以外は【日本株投資】一本で約20年間資産運用を行っています。

松邑　よろしくお願いします。まず星野さんが株式投資を始めたきっかけをお聞かせください。

星野　私が株式投資を始めたきっかけは、**【マイホーム購入資金の確保】**でした。当時はまだアパート暮らしで長男は生まれたばかり、その長男が小学校に上がるまでには安住の地を定めて暮らしたいと常々考えていました。そこで株式投資に着目し、紆余曲折こそありつつ「頭金程度ができればいいかな」というのが当初の希望でしたが、結局【現金一括】で購入することができました。

松邑　マイホームをキャッシュで購入！　なんとも輝かしい実績ですね。早速、読者の皆さんの代わりに話を深掘りしていきたいと思います。マイホーム購入後はどういった資産形成を行ってきたのですか？

星野　そこからは基本「無借金生活」をモットーに資産形成を行ってきました。長男は理系の私立大学を卒業後、現在は中堅製薬会社で品質管理の業務に従事しています。長女は医療系専門学校を今年度末に卒業、さらに助産師を目指して遠方の大学に進学の予定です。

ちなみに、ここまでの学費も奨学金や教育ローンといった借金をすることなく全て自己資金で賄ってきました。

松邑　私の実家も、もともと父親が公務員ではないけど、いわゆる準公務員といった独立行政法人組合に勤めていて当時は地方公務員に準じた給料ももらっていましたが、それだけの収入だとどうしても大学進学の学費が賄いきれず、当時は奨学金に頼りました。

星野　松邑さんのような慶應レベルの大学だった

ら多額の奨学金を利用しても進学する価値はあるかと思いますが、決して安くはない授業料を息子に背負わせたくない思いが父親としては強かったです。

例えば、国家公務員・地方公務員あるいはトヨタやキヤノンやソニーといった東証上場の大手企業に就職できるとか、あるいは医師免許や弁護士といった超一級の国家資格を取得できるといった確約があるならば、数百万円の奨学金を利用する価値は充分にあると思います。しかし、そういったうまい話はあるはずもなく、そんな中で学生である長男にそこまで膨大な借金を背負わせることはあまりにリスクが高すぎると思いました。

長女も同様で、医療系の専門学校だから決して授業料は安くはないです。現時点で助産師という目標はあっても、国家資格に合格しないことにはどうにもなりません。数百万の借金を長女に背負わせるというのも、リスクが高いと判断しました。やっぱり子どもに経済的リスクを背負わせたくなかったっていうのが一番ですね。

松邑 なるほど。私は5年間しか市役所勤務をしていなかったのでいまひとつ不透明だったのですが、公務員は年功序列である程度の年齢に到達すれば、そこそこ給料をもらえるというイメージがありますが、十年二十年勤続しても現実はそう甘くないということなのですね。

星野 世間一般でいうところの夫婦で公務員世帯、いわゆる【2馬力】であるならまだそこそこの収入は得られるかもしれません。しかし私の妻はいわゆるパートタイム勤務、2馬力には程遠い【1・3馬力】程度ですので、夫婦のサラリー収入だけで無借金生活はまず不可能です。

松邑　だから、サラリー収入を元手に株式投資で資金を増幅させていったわけなのですね！　そこのところのノウハウを私も読者の皆さんもぜひ、お伺いしたいですね！

ちなみにややうさん臭いハウツー本には、勤務中にトイレにこもってスマホでチョコチョコ……といった手法があったりしますが⁇

星野　それは、いわゆる1日で売買を完結させる超短期売買【デイトレード】だと思われますが、勤務時間を利用するそのようなやり方は、公務員どころか全てのサラリーマンとして完全にアウトです！　なお、日本の株式市場の取引時間は

●前場（午前）　9：00～11：30

●後場（午後）　12：30～15：00

であり、日中の勤務時間と重なっています。なので、この時間帯に行う手法は現実的ではありません。

さらに実際に取引を行ってみればわかりますが、デイトレードはコンマ数秒で勝負が決まる非常にシビアな世界です。さらにスマホは、パソコンと比較して圧倒的に情報量や機動性に欠けており到底太刀打ちできません。あたかも、わかったかのように「スマホをトイレに持ち込んで」などと語る人は株式投資の本質を全く理解していません。そんな安易に利益が生み出せるほど、デイトレは甘い世界ではありません。

松邑　では、具体的にどのような手法を行えばいいのですか？

星野　株式投資には大きく分けて3つの方法があ

ります。

①その日で売買を完結させる
「超短期投資」
②1週間程度で売買を完結させる
「短期投資」
③数か月〜数年単位で保有を続ける
「中長期投資」

その中で、私たち公務員が平日の日中はしっかり職務を全うしながら実現可能な資産運用方法手法はズバリ！　③「中長期投資」一択です。

松邑　聞きかじった話ですが、夜間に日本株を売買できる証券会社もあると聞きましたがそういった取引に参加することは可能ではないのですか？

星野　はい、確かに証券会社独自で夕方から深夜にかけて日本株の売買が可能な市場（通称：PTS）は存在します。しかし、その証券会社に口座を持っている投資家しか参加できないため、あまりに売買数が少なく不慣れな方の取引は非常に難しいのが現実です。

やはり基本は日中、公務員としてしっかり働いて給料をいただき、余暇を利用して個々の企業を分析して株を選んで買い、数か月〜数年保有して現金配当を得ながら値上がりを待つ、これこそ最もオーソドックスでありながら最も堅実な投資手法なのです。

松邑　私は2020年度まで石川県能美市役所で地方公務員をしていましたが、当時も庁内電子掲示板に個人型確定拠出年金（通称：iDeCo〈イデコ〉）や国債の案内があったり、職員同士で株や投資信託の話題で盛り上がったり、公務員の資産運用への関心も極めて高くなっているという意識はありました。最近は公務員も決して将来は安泰と言えず、給料だけでは将来の生活設計に対する不安はぬぐえないという意識は職場の皆さんにはあったかと思います。

星野　私が入庁した25年前は、まだ「株＝うさん臭い」というグレーゾーン的なイメージが根強く、話題に持ち出すことも躊躇する時代でした。近年は株式等の敷居もぐっと低くなって、公務員の資産運用もオープンな時代になったものですね。言葉を返せば、それだけ本業の収入だけに依存していても安泰な時代ではなくなった証だと思います。

松邑　ちなみに、地方公務員には**【共済組合の積立制度】**があり、各都道府県で異なりますが年利1％前後という大手金融機関よりかなり高金利な金融商品です。実際に利用されている地方公務員の皆さんも多くいらっしゃるかと思います。

星野　現在、大手金融機関の定期預金の年利は0.002％程度です。仮に100万円を預けても、利息は一年でたった20円というほぼ皆無に等しい利息です。それが共済組合なら、同じく100万円を預けたら一年で利息が10000円とかなり魅力的な金融商品と言えるでしょう。それでも言ってしまえば「たったの1％」です。

松邑　資産運用にさほど関心がない私からすれば、**【1％】**という金利はかなり魅力的に思えますが……。

星野　現在、東京証券取引所（通称：東証）で売買可能な企業いわゆる「上場銘柄」は約3900社ありますが、その中で2023年度トップの配当利回りを得られた「9104

商船三井」という銘柄は、**【年利15％】**という途方もない超高利回りでした。

松邑　年利15％‼

星野　しかし、そういったうまい話には裏があります。

まず、配当は企業の業績に大きく影響を受けるため、芳しくない業績になった場合配当金が減額される【減配】の可能性があります。

さらに、業績の低迷で株価が値下がりすれば【元本割れ】の可能性もあり得るのです。

ちなみに、「9104商船三井」の今期配当利回り予想は4・8％と3分の1に低下します。

松邑　確かに年利15％が保証されていて、しかも元本も保証された金融商品なんてあるはずありませんよね。

星野　しかし、ここからが日本投資の真骨頂です！　銘柄を、しっかりと選ぶことができたならば

①業績が好調であれば配当金が増額される【増配】

さらに、

②株価が上昇し元本を超える【含み益】

が同時に発生するという現象も期待できるのです！

公務員として、日々仕事をして普通の生活を営んでいる方でしたら多少の貯蓄はあるはずです。ある意味、公務員の優遇措置ともいえる共済組合の積立制度等を手堅く活用しつつ、収入の一部をより高パフォーマンスが得られる株式投資で運用すれば将来、夫婦による2馬力は実現できなくても**【資産運用による2馬力】**でより豊かな人生を過ごすことが

できるのではないでしょうか。

松邑　確かに日本株投資のメリットは理解できます。ですが、正直３９００もある上場企業から投資する銘柄を選定するというのはかなり難易度が高そうですが……餅は餅屋という言葉があるように、我々アマチュアはいっそのことその道のエキスパートであるプロのトレーダーさんが運用する金融商品を購入するのが一番得策なのではないですか？

星野　一般の方は、プロのトレーダー（通称：機関投資家）は我々アマチュア（通称：個人投資家）には及びもつかない特別な情報を知り得る術があるのではないか？といった思いを抱いているかもしれません。

さらに、経済の専門家や評論家、いわゆる「アナリスト」が各種メディアで日本経済を解説しているのを見て、専門用語が飛び交い正直何を言っているのかよくわからない場面も多々あるのでないでしょうか？　こういった状況がますます「株式投資は難しい」と思い込ませ、それなら「プロが設計したファンドに資産を託すほうが得策なのではないか？」と考えてしまいがちです。

しかし、ここは声を大にして申し上げたいのですが、まず我々**【個人投資家が知り得ない情報を機関投資家が知り得るわけがありません】**。仮にそういった情報が存在し、実際に株式投資を行ったとしたら、それは「インサイダー取引」というれっきとした犯罪行為です。もっと言わせていただければ、メディアに登場するアナリストは単なる「経済の専門家」であり「株式投資の専門家」ではありません。そういった情報に惑わされる必要は一切ないのです。

松邑　例えば近年、大注目されている米国の代表的な株価指数の一つ「S&P500」を用いた金融商品があります。動画サイトでも数多く取り上げられ、私も名前だけは知っています。実際この投資により多額の利益を得たユーチューバーさんもいて、しきりに推奨していますが星野さんはこういった金融商品についてどのようにお考えですか？

星野　複数の銘柄を組み込んで「投資信託」（通称：ファンド）を作り、顧客に提供する金融商品は世の中に数多とあります。確かに多くのユーチューバーさんが定期的にその状況を配信しているようですが、中身の個々の銘柄の売買は運営会社に任されています。人任せのファンドを購入して利益が出るならともかく、全てがそのようにうまくいくことは決してありません。さらに、ファンドの利回りは高配当上位でも年利20％程度です。それならば、**【自身で銘柄を選び独自のファンドを構築】**してそれで利益を出せたら、これほど楽しくやりがいのある資産運用はないと思うのです。実際、独自のファンドならば200％以上という夢物語的な超高利回りも狙えます！

松邑　確かに私の「松村塾」にやってくる公務員志望の皆さんって、研究や勉強熱心な方が多くいらっしゃるような気がします。あと実際、自治体には企業誘致を管轄する部署が存在します。そういったセクションで活躍している公務員だったら、なお一層個々の企業に対する関心度も高く「オリジナルファンドを構築」するという作業は、向いているのではないかと思います。

星野　だからこそ、公務員は他力本願ではなく

【自力で銘柄を選ぶ】というようにコツコツと調べ上げるべきだと思います。

そういった作業を「スクリーニング」と称しますが、では３９００社もある上場企業の中から具体的に銘柄を絞り込んでいく手法をここで解説していきたいと思います。

星野　よろしくお願いします。それではまず初めに一体どういったツールを用いて銘柄を選べばいいのですか？

ネット証券会社の分析ツール

松邑　私が日常的に用いている投資ツールは以上です。

星野　それだけ⁉　ですか……。

松邑　はい、これだけです。断言しますが、日本株投資に必要なのは世に溢れる数多な情報を吸収し、さらに最先端のハイテク投資ツールを駆使することではありません。情報が多ければ多いほど判断材料が増え、混乱し、迷いが生じて結局何を買えばいいのかわからなくなってしまうだけです。

私たちが目指すのは【経済の評論家】ではなく【洗練された個人投資家】であり

> 必要最小限の知識を駆使して
> ブレることのない
> 自分なりの投資法を確立する

ことなのです！

星野　わかりました。それでは本書を手に取ってくださった皆さんに、わかりやすく日本株投資の解説をよろしくお願いします！

日本株投資歴20年　星野タカユキ直伝！

実践！「日本株」超シンプルバリュー投資法

株式投資には様々な手法があります。どのような点に注目するかによって、投資対象銘柄も大きく変わってきます。自動運転や人工知能、はたまた全固体電池といった、現在は規模も小さく赤字経営であっても、未来の売上高や利益の急成長が大きく期待されて、株価が先行して上昇している新興銘柄に投資するいわゆる【グロース株投資】が、今日もてはやされる傾向にあります。

しかし、私が20年間こだわり続ける株式投資手法は、それとは真逆の、ＰＥＲ・ＰＢＲ（後述）を基本に企業の割安性に着目、ひたすら追求を行う【バリュー投資】です！

株価が企業価値と比較して割安である、ということは「さほど注目されていない」「企業の将来性が期待されていない」ということであり、誰もが知っているようなメジャー企業はあまり出てきません。

しかし、私たち個人投資家にとってその銘柄が有名か無名か？なんて全く関係ありません。一番大切なのは

その株を買えば儲かるのか儲からないのか？

それだけなのです！

今回は、不確定要素の多い未来を買うより、現実を直視して今の株価が高いのか安いのかを見つめる比較的堅実性の高い投資手法である「バリュー投資」をさらに進化させ、必要のない情報を極限までそぎ落として洗練させた【「日本株」超シンプルバリュー投資法】をここで解説してまいります。

「3．実際のスクリーニング方法はこれだ！」（39ページ）では、実在する証券会社「ＳＢＩ証券」の機能を用いた手法を記述していきます。口座開設だけでしたら無料でスクリーニング機能も使用可能ですので、この機会にぜひ口座開設されることをオススメします！

SBI証券　口座開設 🔍 **↑で今すぐ検索！**

※なお、本書に掲載されている銘柄の株価は、基本的に２０２３年６月30日の終値です。また、ＳＢＩ証券のＷｅｂサイト構成・インターフェイス等は２０２３年10月現在のものです。

❶株価とは？

まず、はじめに簡単なクイズを出題します。

① 証券コード 7269 スズキ　株価　¥5,201 －
② 証券コード 7203 トヨタ　株価　¥2,308.5 －
（正式な社名は「トヨタ自動車」）

上の①②は日本を代表する2つの自動車メーカーの同日の株価です。一見すると、スズキの株価はトヨタの2・3倍もあります。単に両社の株価だけを比較してみると、「スズキの価値はトヨタより2倍以上」となりますが、本当にそう言えるのでしょうか？　この疑問を解決するための簡単な2つの指標をこれから解説します。

★指標① PER

【PER（ピー・イー・アール）】とは、日本語で「株価収益率」を意味します。その銘柄の現在の株価が、企業が1年間に稼ぎ出す1株当たりの【純利益の何倍】になっているのかを示す数字です。

【純利益】とは、企業が経営活動によってモノの販売を行ったり、何かしらのサービスを提供することによって得る対価＝【売上高】から必要経費や借入金の利息、そして法人税を支払って最終的に手元に残る利益のことを指します。そしてP

PERは「現在の株価が1株当たり純利益の何倍か」を見る指標

PER（株価収益率）＝現在の株価÷1株当たり純利益

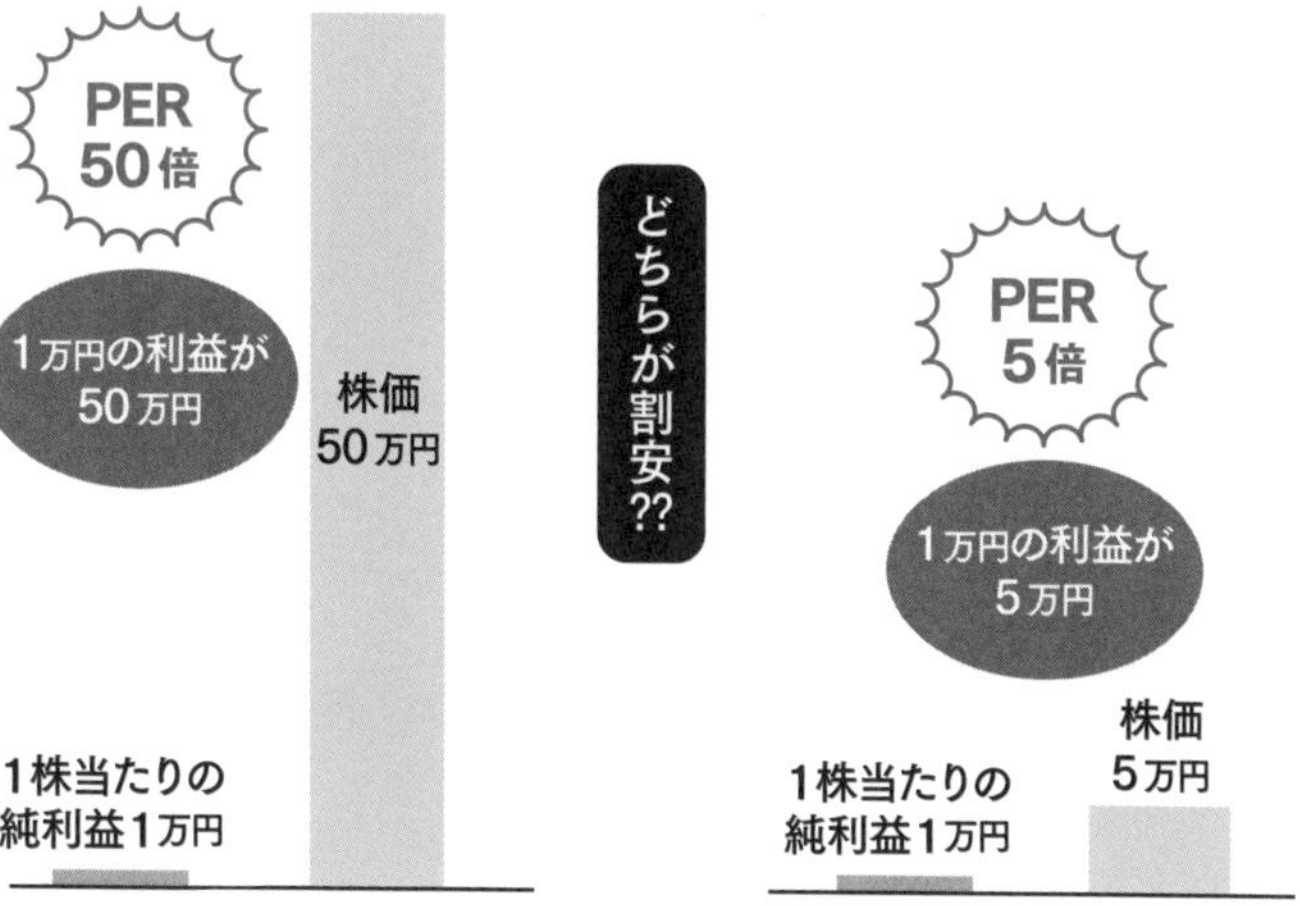

ERの計算式は、右下図のようになります。

では、PERが「50倍の企業」と「5倍の企業」はどちらが割安なのか？

PER50倍の企業は1年に稼いだ純利益の50年分まで、株が買われているということになります。例えば1株当たりの利益が1万円なら、株価は50万円です。一方、PER5倍の企業はその年に稼いだ純利益の5年分まで株が買われているということになります。同じく1株当たりの利益が1万円なら、株価は5万円で10分の1となります。すなわち「PERが低いほど、株価は割安」ということになります。

では、「PERが高いと買う価値がない」と判断すべきなのか？

これが一概にそうとは言えず、実際PERが100倍を超える銘柄も多数存在します。例えば「今期の純利益が1億円でPER100倍の銘柄」が、来期「一気に10億円と10倍の純利益」をたたき出した瞬間、PERは一気に10倍へと大きく低下するのです！ このように高PERの銘柄は、そのぶん高い将来性を買われて未来の利益まで織り込んだ株価になっている可能性が高いのです。ただ、こういった銘柄は投資家が期待する業績に到達しなかった場合、株価が一気に大暴落しかねないというハイリスクも存在するのです。

その反面、PERの低い【低PER銘柄】はいい意味で投資家の期待値が低いので【値下がりしにくい】という大きなメリットがあるうえに、何かのきっかけで高い評価を得た場合、株価は大きく値を上げる可能性も秘めているのです。

★指標② PBR

次は【PBR（ピー・ビー・アール）】についてです。こちらは日本語で【株価純資産倍率】と言い、その銘柄の現在の株価が、企業が保有している【純資産】に対して何倍になっているかを見る指標です。PBRの計算式は、下図のようになります。

【純資産】とは企業の【資産】総額から【負債】総額を差し引きした金額のこ

PBRは「現在の株価が1株当たり純資産の何倍か」を見る指標

PBR（株価純資産倍率） ＝ 現在の株価 ÷ 1株当たり純資産（純資産÷発行済株式数）

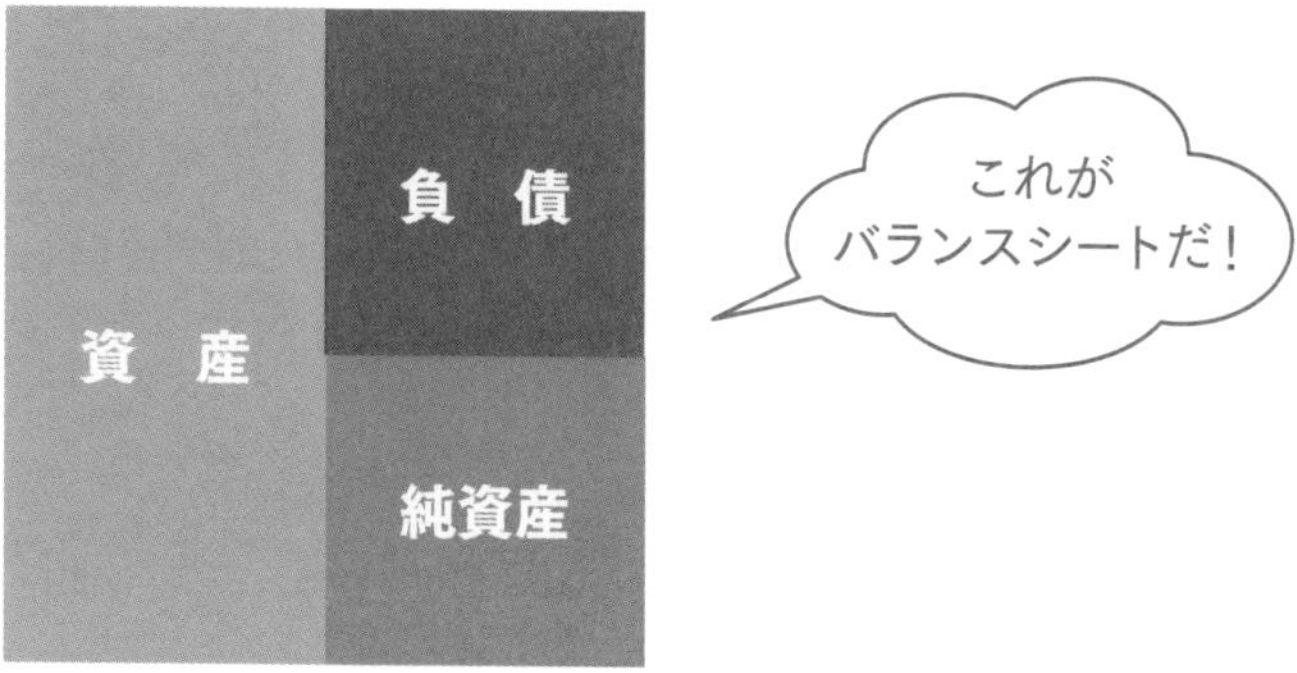

とを言い、この3つの関係は【B／S（バランスシート）】で上図のように表されます。

この1株当たり純資産は、別名【会社解散価値】とも言い、企業が経営をやめて、全ての資産を売却して社員に給料や退職金を支払い、金融機関に借金を返済し、未払いの仕入れ代金等があれば支払い、全てを清算して残ったお金を株主が保有する株数に対して分配されます。

つまり、「1株当たり純資産×保有株数」が株主に分配されることになります。

ちなみに、現在の日本市場において、株価が企業の原価とも言える1株当たり純資産を下回るすなわち【PBR1倍割れ銘柄】は、半数の「約1800社」と言われています。

上場企業の株券は、現在全てペーパーレス化されていますが、こういった【有価証券】とされるものは元来、現金と同等に換金性が高く同様の価値を持つ資産です。たとえるならば、「PBR0・5倍の株価」ということは「1万円札が5千円で売られてい

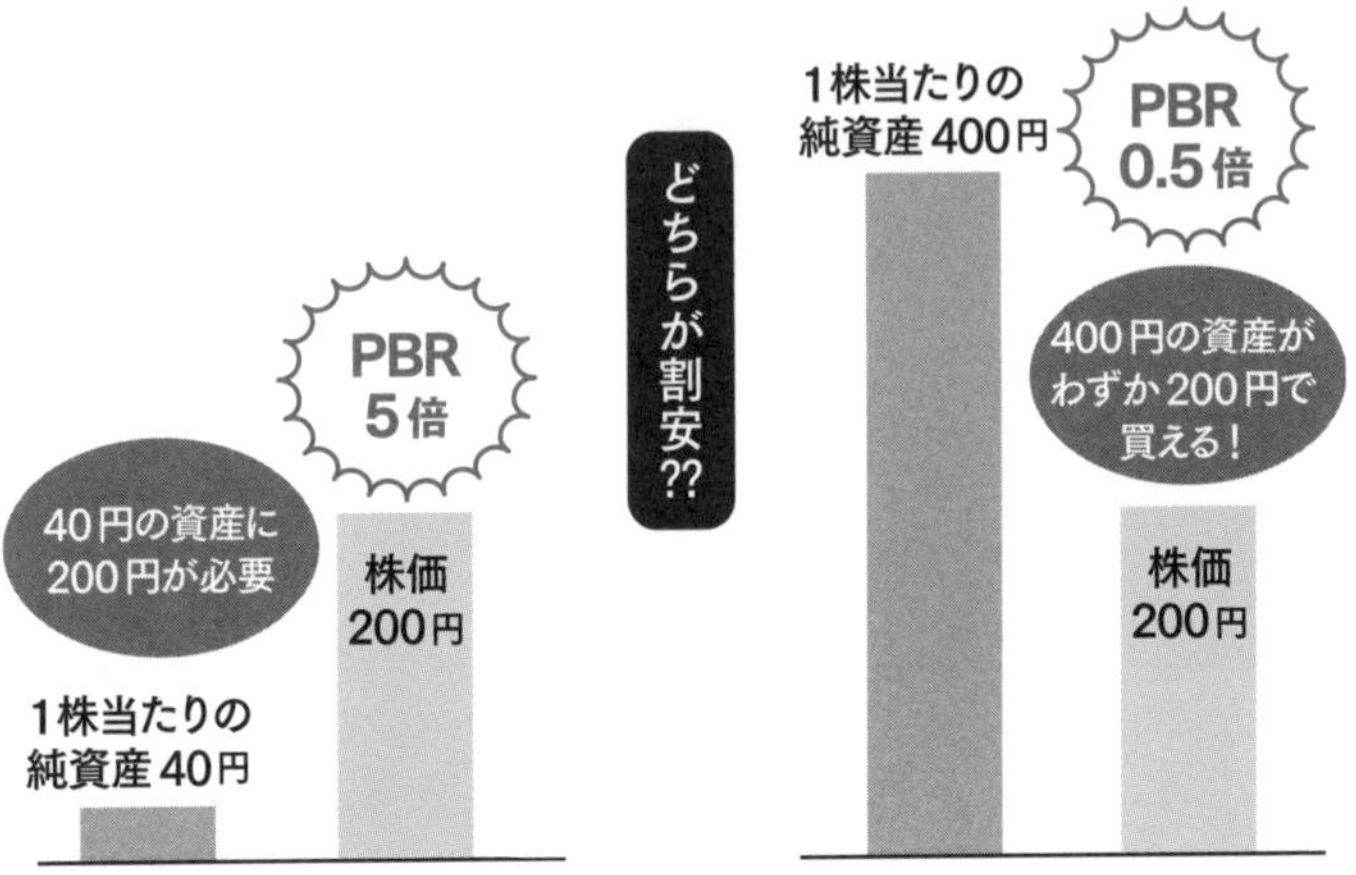

る」状態であり、株主にとっては経営を持続させるより会社を解散させたほうが儲かるという異常事態なのです！

逆にその異常事態を逆手に取り、極めて割安と言えるうちにそのような銘柄を買い、周囲が、「この株ってちょっと安すぎやしないか？」と気づいて買われ出すまで放置しておくのが中長期投資の醍醐味と言えるのです。

それでは、この2つの計算式に前述したスズキとトヨタの株価を当てはめてみましょう。

両社のPER・PBRを、『会社四季報』（東洋経済新報社）において各数値を抽出し計算式に当てはめ算出します。

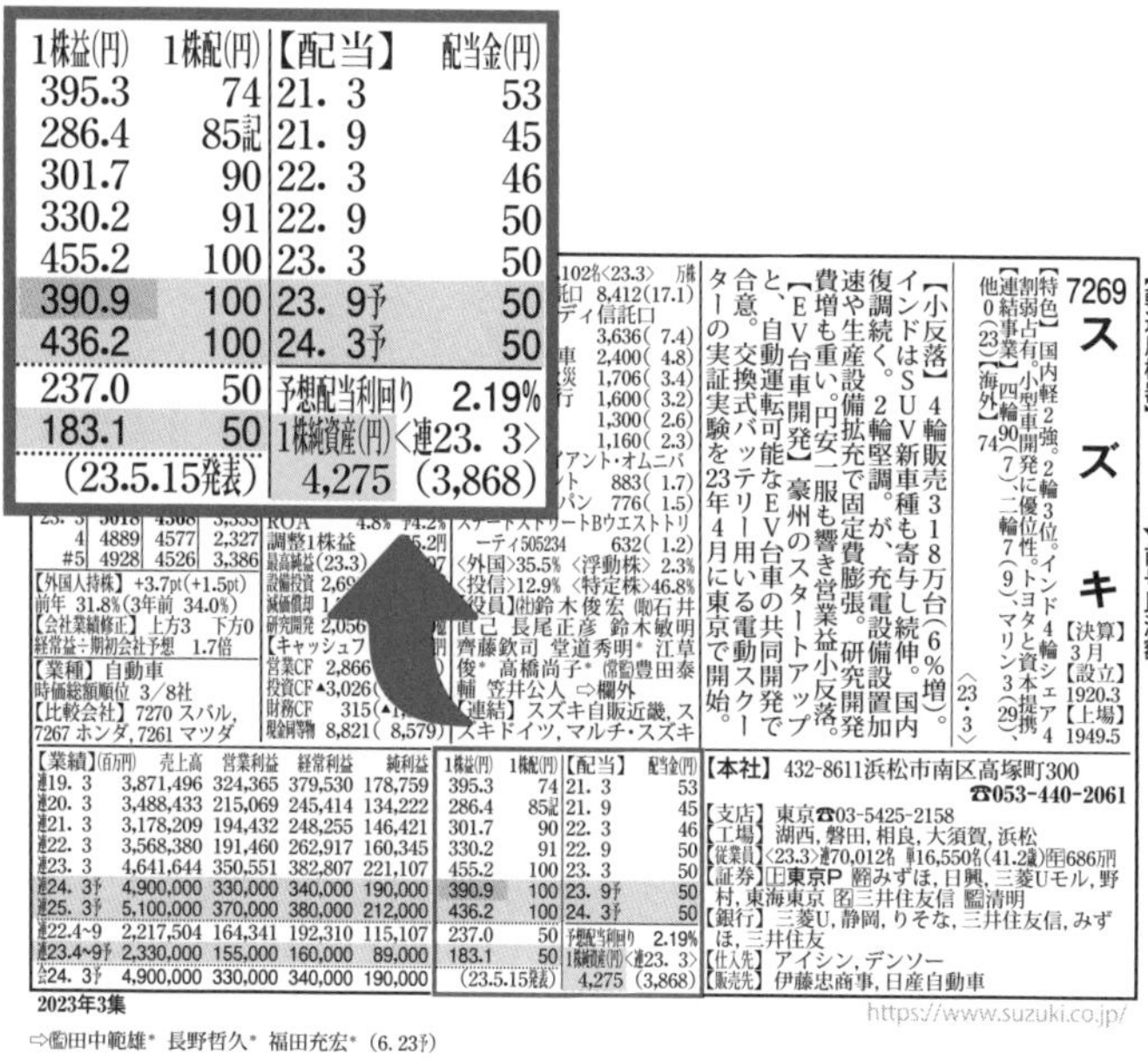

1株益(円)	1株配(円)	【配当】	配当金(円)
395.3	74	21. 3	53
286.4	85記	21. 9	45
301.7	90	22. 3	46
330.2	91	22. 9	50
455.2	100	23. 3	50
390.9	100	23. 9予	50
436.2	100	24. 3予	50
237.0	50	予想配当利回り	2.19%
183.1	50	1株純資産(円)〈連23. 3〉	
(23.5.15発表)		4,275	(3,868)

【輸送用機器】

7269 スズキ

【決算】3月 【設立】1920.3 【上場】1949.5

【特色】国内軽2強。2輪3位。インド4輪シェア4割弱占有。小型車開発に優位性。トヨタと資本提携

【連結事業】四輪90(7)、二輪7(9)、マリン3(29)、他0(23)【海外】74 〈23・3〉

【小反落】4輪販売318万台(6%増)。インドはSUV新車種も寄与し続伸。国内復調続く。2輪堅調。が、充電設備設置加速や生産設備拡充で固定費膨張。研究開発費増も重い。円安一服も響き営業益小反落。

【EV台車開発】豪州のスタートアップと、自動運転可能なEV台車の共同開発で合意。交換式バッテリー用いる電動スクーターの実証実験を23年4月に東京で開始。

↓前号比減額

【外国人持株】+3.7pt(+1.5pt)
前年 31.8%(3年前 34.0%)
【会社業績修正】上方3　下方0
経常益÷期初会社予想　1.7倍
【業種】自動車
時価総額順位 3/8社
【比較会社】7270 スバル, 7267 ホンダ, 7261 マツダ

〈外国〉35.5%　〈浮動株〉2.3%
〈投信〉12.9%　〈特定株〉46.8%
【役員】(社)鈴木俊宏 (取)石井直己 長尾正彦 鈴木敏明 齊藤欽司 堂道秀明* 江草俊* 高橋尚子* (常監)豊田泰輔 笠井公人 ⇨欄外
【連結】スズキ自販近畿, スズキドイツ, マルチ・スズキ

【業績】(百万円)	売上高	営業利益	経常利益	純利益
連19. 3	3,871,496	324,365	379,530	178,759
連20. 3	3,488,433	215,069	245,414	134,222
連21. 3	3,178,209	194,432	248,255	146,421
連22. 3	3,568,380	191,460	262,917	160,345
連23. 3	4,641,644	350,551	382,807	221,107
連24. 3予	4,900,000	330,000	340,000	190,000
連25. 3予	5,100,000	370,000	380,000	212,000
連22.4~9	2,217,504	164,341	192,310	115,107
連23.4~9予	2,330,000	155,000	160,000	89,000
会24. 3予	4,900,000	330,000	340,000	190,000

【本社】432-8611浜松市南区高塚町300 ☎053-440-2061
【支店】東京☎03-5425-2158
【工場】湖西, 磐田, 相良, 大須賀, 浜松
【従業員】〈23.3〉連70,012名 単16,550名(41.2歳)年686万円
【証券】上東京P 幹みずほ, 日興, 三菱Uモル, 野村, 東海東京 名三井住友信 監清明
【銀行】三菱U, 静岡, りそな, 三井住友信, みずほ, 三井住友
【仕入先】アイシン, デンソー
【販売先】伊藤忠商事, 日産自動車

2023年3集

https://www.suzuki.co.jp/

⇨監田中範雄* 長野哲久* 福田充宏*（6. 23予）

① スズキ

PER：株価 5,201 円 ÷ 1 株予想純利益 390.9 円 ＝ 13.3 倍
PBR：株価 5,201 円 ÷ 1 株純資産 4,275 円 ＝ 1.22 倍

1株益(円)	1株配(円)	【配当】	配当金(円)
130.1	44	21. 3	135
147.1	44	21. 9	120
160.6	48特	22. 3	28
205.2	52	22. 9	25
179.5	60	23. 3	35
202.7	62~70	23. 9予	26~35
206.4	64~72	24. 3予	35~36
85.4	25	予想配当利回り	3.21%
98.0	26~35	1株純資産(円)	<◇23. 3>
(23.5.10発表)		2,089	(1,905)

【輸送用機器】 ➡前号並み ㊦会社比強気

7203 トヨタ自動車《じどうしゃ》

【決算】3月 【設立】1937.8 【上場】1949.5

【特色】4輪世界首位。国内シェア3割超。日野、ダイハツを傘下。SUBARU、マツダ、スズキと提携

【連結事業】自動車91(6)、金融8(16)、他2(8) 〈23・3〉

【上向く】世界販売1138万台(7%増)で過去最高。円安一服も、好採算のSUVが台数増。原価改善や北米など新車値上げが効き資材高こなす。営業益好転。持分法中国も貢献。会社計画やや慎重。増配。

【商用車】独ダイムラーと提携、日野自は三菱ふそうと24年統合し連結子会社外れる。ダイハツは約17万台で認証不正、出荷停止。EVは26年に年150万台販売目標。

【本社】471-8571愛知県豊田市トヨタ町1 ☎0565-28-2121

【東京本社】☎03-3817-7111

【名古屋オフィス】☎052-552-2111

【工場】本社, 元町, 上郷, 高岡, 三好, 堤, 他

【従業員】<23.3>連375,235名 単‥名(‥歳)年‥万円

【証券】上東京P, 名古屋P, NY, LON 幹(主)野村 (副)日興, 三菱Uモル, 大和, みずほ 名三菱U信 監PwCあらた【銀行】三菱U, 三井住友

【仕入先】ー

【販売先】ー

(株主)名<23.3> 万株

274,980(16.8)

…信託 190,573(11.6)

119,233(7.3)

…ディ銀行 90,825(5.5)

…険 63,348(3.8)

…・チェース・バ… 53,511(3.2)

44,957(2.7)

…トリート・バンク&トラスト 33,536(2.0)

BNYMデポジタリRH 29,203(1.7)

三井住友海上火災 28,407(1.7)

<外国>18.1% <浮動株> ‥%

<投信> ‥% <特定株> ‥%

【役員】(会)豊田章男 (副会)早川茂 (社)佐藤恒治 (取)中嶋裕樹 宮崎洋一 ⇨欄外

【連結】ダイハツ工業, 日野自動車, 米国トヨタ自動車販売

4	1899	1784	43,253
#5	1979	1848	49,243

【外国人持株】▲1.1pt(▲1.3pt) 前年 19.2%(3年前 19.4%)

【会社業績修正】上方6 下方0 経常益÷期初会社予想 1.2倍

【業種】自動車 時価総額順位 1/8社

【比較会社】7201 日産自動車, 7267 ホンダ, 7269 スズキ

ROA … 調整1株益 ー円 最高純益(22.3) …10 設備投資 16,05… 減価償却 11… 研究開発 12,416…

【キャッシュフ…】 営業CF 29,550… 投資CF ▲15,988… 財務CF ▲561(▲2…) 現金同等物 75,169(61,136)

【業績】(百万円)	営業収益	営業利益	税前利益	純利益
○19. 3*	30,225,681	2,467,545	2,285,465	1,882,873
○20. 3*	29,929,992	2,442,869	2,554,607	2,076,183
◇21. 3*	27,214,594	2,197,748	2,932,354	2,245,261
◇22. 3*	31,379,507	2,995,697	3,990,532	2,850,110
◇23. 3	37,154,298	2,725,025	3,668,733	2,451,318
◇24. 3予	38,000,000	3,100,000	3,950,000	2,750,000
◇25. 3予	39,000,000	3,210,000	4,000,000	2,800,000
◇22.4~9	17,709,348	1,141,444	1,834,276	1,171,084
◇23.4~9予	18,000,000	1,260,000	1,900,000	1,330,000
会24. 3予	38,000,000	3,000,000	3,690,000	2,580,000

1株益(円)	1株配(円)	【配当】	配当金(円)
130.1	44	21. 3	135
147.1	44	21. 9	120
160.6	48特	22. 3	28
205.2	52	22. 9	25
179.5	60	23. 3	35
202.7	62~70	23. 9予	26~35
206.4	64~72	24. 3予	35~36
85.4	25	予想配当利回り	3.21%
98.0	26~35	1株純資産(円)	<◇23. 3>
(23.5.10発表)		2,089	(1,905)

https://global.toyota/

2023年3集

⇨(取)S. ハンフリーズ 菅原郁郎* P. クレイヴァン* 大島眞彦* 大薗恵美* (常監)安田政秀 小倉克幸 白根武史 (監)G. オルコット* 酒井竜児* C. オコーネル*

② トヨタ

PER：株価 2,308.5 円 ÷ 1 株予想純利益 202.7 円 ＝ 11.4 倍

PBR：株価 2,308.5 円 ÷ 1 株純資産 2,089 円 ＝ 1.11 倍

いかがですか？　企業価値から判断すると、現在の両社の株価はかなり拮抗していることがよくわかりますよね？

このように、単純に株価だけを比較して

株価が高い　＝　イイ会社
株価が安い　＝　ダメな会社

こういった判断を行うのは大きな、そして危険な間違いなのです！

さらに、PERとPBRを比較する限り、株価の高いスズキと株価の安いトヨタとでは、バリュー投資の概念からすれば、**【トヨタのほうがやや価値は高い】**と判断できるのです。

では、**トヨタの株は2300円払えば買えるのか？**

ここで【1売買単位】について説明します。現在、上場企業の株式を購入できる最低単位は全て「100株」と定められています。すなわち

1売買単位＝100株であり単純に【株価×100】となります。ですので、

スズキの1売買単位：株価5201×100＝¥520100－
トヨタの1売買単位：株価2308・5×100＝¥230850－

※売買手数料は除く

となります。

ちなみに現在、日本株の最高値銘柄は産業用ロボット等に必要不可欠な空圧制御装置で世界首位の「6273：SMC」で株価は8万円前後です。前述しましたが上場企業の1売買単位は100株に統一されているので【8万円×100株＝800万円】です。

反対に最安値銘柄は、PC用チューナー等を製造する「6731：ピクセラ」で株価は5円前後ですので【5円×100株＝500円】と大きな開きがあるのです。

※ちなみに、100株以下の1株や10株でも購入可能な通称「ミニ株」を導入している証券会社も多くありますが、

・リアルタイム取引ができない
・売買手数料が高い

といったデメリットもあるため、ここでの解説は行いません。

❷商品優待の甘いささやきにご用心……

株式投資には、投資家へ利益をもたらす２つの【利得（通称：ゲイン）】があります。

①キャピタルゲイン：株価の上昇によって利益を得る
②インカムゲイン：現金の配当や株主優待といった商品で利益を得る

個人投資家に自社株を長期保有してもらうことを目的として、魅力ある自社製品を株主優待としてラインアップする上場企業も多く、目の前に届けられる商品優待が個人投資家にかなり人気で、メディアにおいても大きくクローズアップされているため、近年は、この②インカムゲインが大いに注目されています。

しかし、インカムゲインには落とし穴があります。個人投資家の中には、たとえばインカムゲインで年利３％を得てもキャピタルゲインで年利６％の損失を被っているといった状況が時には発生しているのです！

配当金や商品優待の利回りより株価の下落率が上回っている

江崎グリコの株主優待情報

自社グループ製品詰合せ

最低投資金額	376,800円	優待利回り	0.26%
配当利回り	2.12%	優待発生株数	100株

商品優待で人気が高いのは、やはり小売・食料品セクターです。その銘柄の一つにおなじみ「ポッキー」「プッチンプリン」などに代表されるお菓子メーカーの国内大手【2206江崎グリコ】があります。

知名度も抜群な同社の株価は、現在3800円前後ですので1単位は100倍の約38万円で購入可能です。これを基に計算した、インカムゲインの利回りは上図のとおりです。

一見、優待利回りと配当利回り合わせて「年利2・38%」はまずまず魅力的な金融商品と言えるかもしれません。では、今度は江崎グリコの株価の値動きを見てみましょう（次ページの図）。

2020年に付けた5300円から現在までの3年間で、実に28%以上も株価は下落しているのです！　これでは、いくら魅力的な商品優待と配当金がもらえても資産は目減りしており、金融商品として見た場合、はっきり言って全く価値のないものです。

現実、このような銘柄は少なからず存在しており、「有名な会社だから」「人気のある商品優待がもらえるから」といった理由は株式投資には全く必要のな

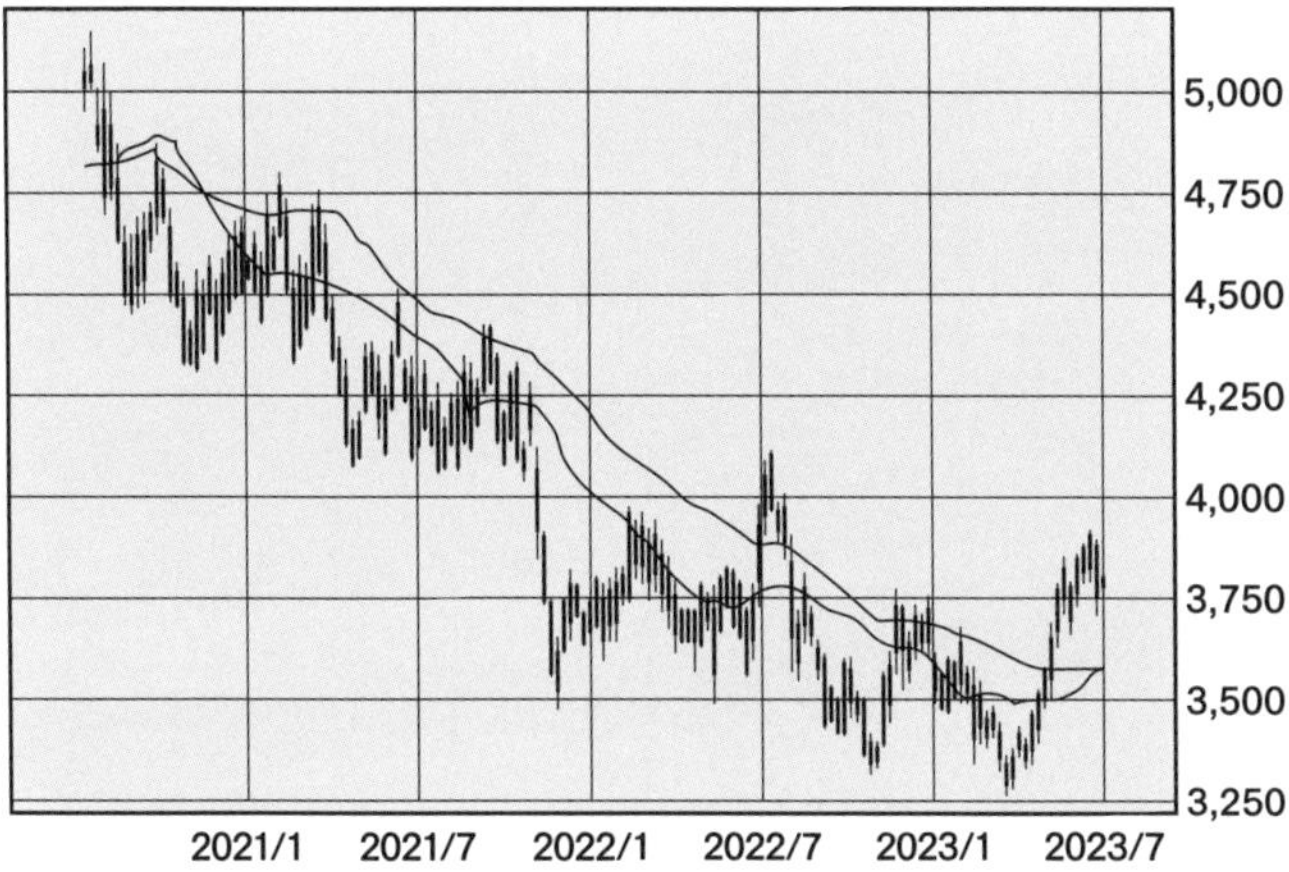

（参考：SBI 証券 HP）

いファクターなのです。「株価は下がっているけど、好きな商品が毎年もらえるから」といった盲目的な状況に陥ることは、資産運用においてはまさに本末転倒であり、その投資は明らかに失敗です。

目先の利益にとらわれずあくまで主軸は株価に置いて、もし欲しい商品があるならば【キャピタルゲインで得た利益】で購入すればいいだけのことです。

日々、堅実に業務を遂行する公務員であるからこそ、メディアの過剰なあおりに決して惑わされず、「堅実に」その銘柄と向き合うことが大切と言えるでしょう。

❸実際のスクリーニング方法はこれだ！

それでは、さっそくスクリーニングを実際に行ってみましょう。ちなみに、私が日本株投資を始めた20年前はまだ証券会社オンライントレードの黎明期で単に売買機能のみが備わった程度の簡素なものでした。しかし、近年のそれは非常に高度かつ多機能化され、かつて私が5年かけてようやく得たスキルに一気に到達してしまうくらい、株式投資に極めて有効なパワフルツールへと大きく進化を遂げました。

そのスクリーニング機能も、多くの証券会社がしのぎを削って、同業他社に負けないモノへと日々アップデートを重ねています。

ここでは、私自身が日頃活用している「SBI証券」を一例にスクリーニングを実際に行ってまいりましょう。

用いる検索条件は、以下の**【たった5つのみ】**です。

①PER…15倍以下（日本株の平均PER値）
②PBR…1倍以下（いわゆる株価が「原価割れ」状態）
③配当利回り…1・5％以上（公務員の共済積立利回りの1・5倍）
④流動比率…120％以上
⑤自己資本比率…40％以上

①〜③については既に解説済みですが、ここでは新たに2つの財務指標を使用しますのでそちらの解説を行います。

※なお、①PERは、本書においては基本的には来期もしくは来々期の「四季報独自業績予想」を使用していますが、今回のみ【直近決算の1株純益】を用います。この理由については後述します（52ページ）。

④流動比率

B／S上の資産の部内にある現金・預金・売掛金・有価証券といった換金性の高いものが【流動資産】です。対して負債の部内の買掛金・預り金・短期借入金（1年以内に返済しなければならない借入金）といったものが【流動負債】です。流動比率の計算式は、下のようになります。

この比率が100％であれば、計算上は【目先に支払わなければならない負債に対応できる資産がある】ということになります。ですが、流動資産は現金以外も含まれており、即座に換金ができない可能性もあるため、ここでは少し余裕をもって「120％」を一つの目安としておきます。

$$\text{流動比率} = \frac{\text{流動資産の合計金額}}{\text{流動負債の合計金額}} \times 100$$

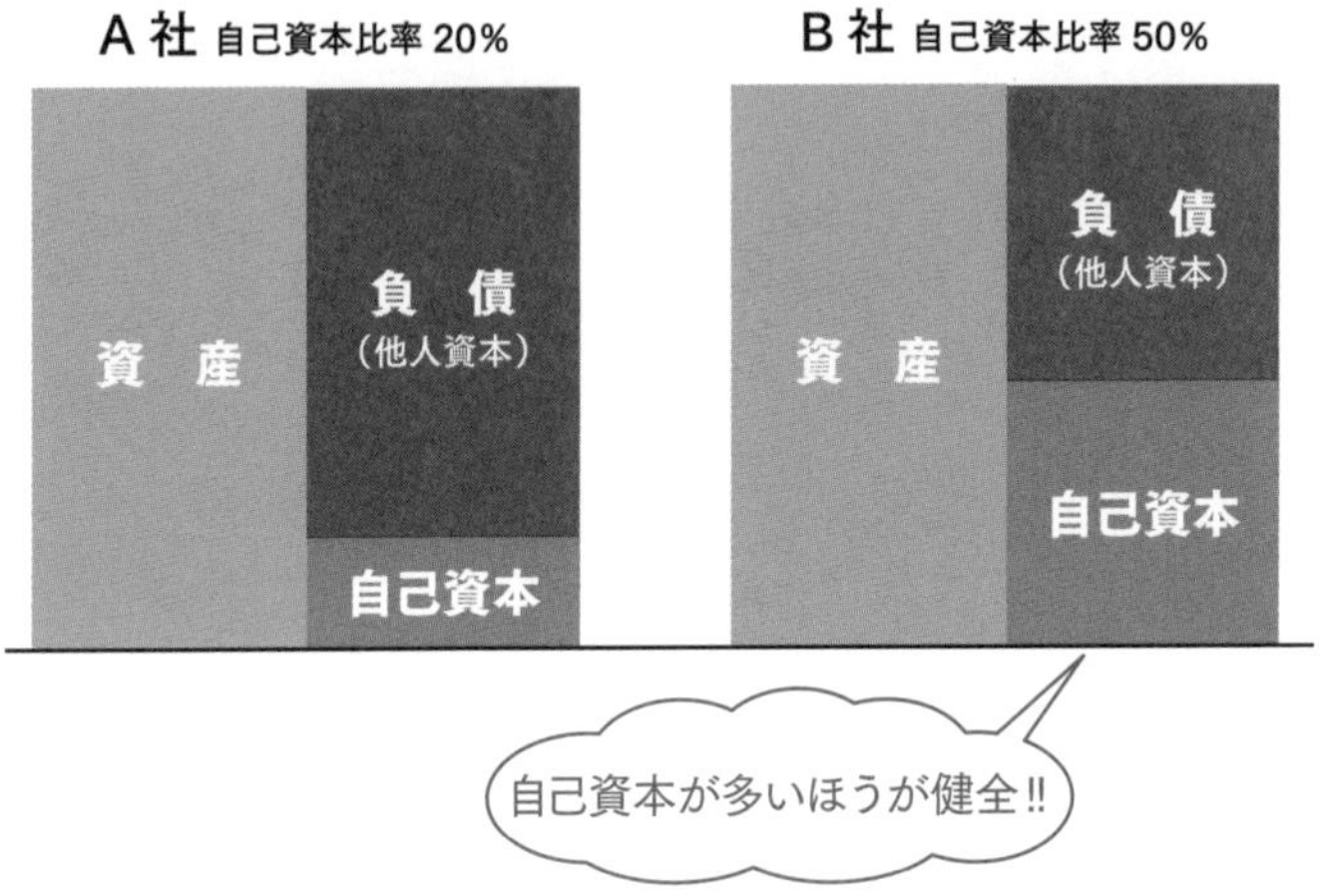

⑤ 自己資本比率

これは、企業の総資本の部に占める自分（自己）のお金（資本）の比率です。総資本の中には、自分のお金以外に他人のお金（他人資本）も含まれており、これがいわゆる負債（借金）です。ほかにも**【仕入れ債務（買掛金や手形）】**などが総資本に含まれており、これらはいわゆる**【返さなくてはいけないお金】**です。

B／Sの図で表すと上図のようになります。

この2つの企業、A社の自己資本比率は20%、B社の自己資本比率は50%ですが、どちらが財務的に健全かといえば一目瞭然！　より負債の割合が少ないB社となります。

このように、自己資本比率は企業の財務健全度を見極める極めてシンプルですが最も重要な指標で、この比率は単純に高ければ高いほど財務内容は優秀である、と判断ができるのです。

ここの数値についていては、上場企業の平均値は30％とされていますが、前述したとおり自己資本比率は高ければ高いほど健全経営の証となりますので、株式投資に不慣れな方でしたらさらに安全マージンを取って【40％】としておきます。

ここで一点補足しておきますが、他の条件は気にしなくて構いませんが、②ＰＢＲの数値を入力する際、下限を「０」と設定してください。ＰＢＲが0倍以下、すなわちマイナスに転じていることについて説明をします。

ＰＥＲ並びにＰＢＲの計算式は、いずれも割り算です。その結果がマイナスということは、当てはめる数値のいずれかがマイナスである、ということです。株価がマイナスということはあり得ないので、

●ＰＥＲ値がマイナスの場合：１株当たりの純利益がマイナス
●ＰＢＲ値がマイナスの場合：１株当たりの純資産がマイナス

ということになります。「1株当たりの純利益がマイナス」ということはその銘柄は【赤字決算】ということです。もちろん投資対象として検討するには大きな注意が必要ですが、単に一時的なもので翌年度はV字回復の黒字転換、というのであれば、投資候補になり得る可能性はあります。

問題は「1株当たりの純資産がマイナス」の場合です。これは全ての資産を処分しても全ての負債

を返済できない状態、すなわち企業としての体をなしていない**【債務超過】**であるのです！
企業が債務超過に転落すると、信用度が一気に低下し経営活動に様々な支障が発生し、最悪「経営破たん」となって株主の保有する有価証券は、基本**【紙くず＝価値は0】**となるのです。東京証券取引所（以下、東証）のルールとして

純資産の額が正であること

との記載があり、さらに**【上場維持基準に適合しない状態となった場合には、1年内に上場維持基準に適合しなかったときは、上場廃止基準に該当します。】**とあります。要するに、上場企業は債務超過状態を1年以内に解消できなかった場合、ペナルティとしては最も重い、日本市場から退場を命じられる【上場廃止】となる、それほど債務超過は企業にとって重篤な状態と言えるのです。

さっそくSBI証券にログインし、これらの数値を入力しスクリーニング開始……すると検索結果には、該当銘柄はなんと220社！（【検索結果①】〈46ページ〉）これらを全て調べ上げなくてはいけないのか⁇ ご安心ください、実はここからが皆さんの出番です！ 100名の個人投資家がいれば、100通りの性格や個性、そして事情があります。例えば……。（48ページへ続く）

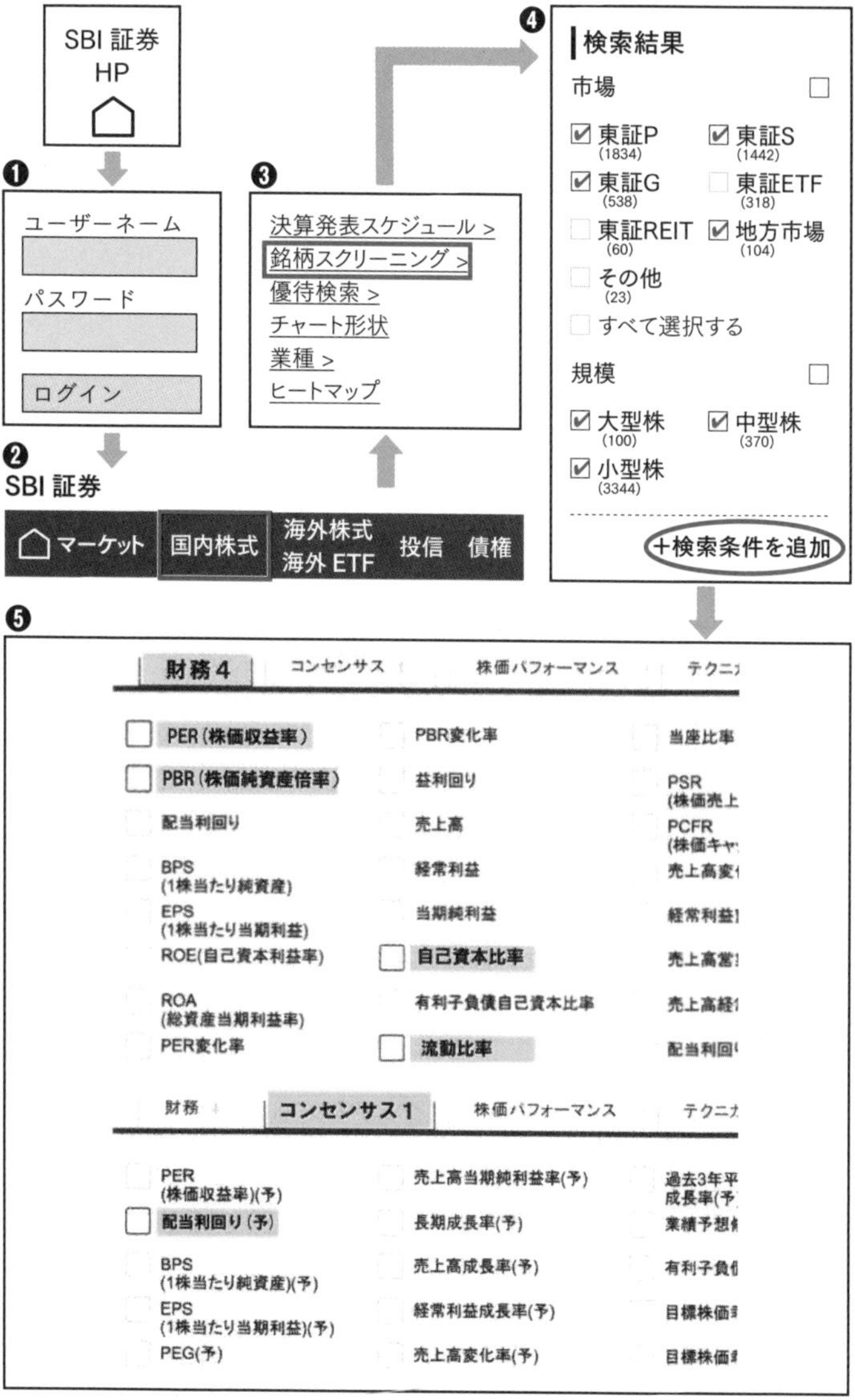
SBI 証券 HP
❶
ユーザーネーム
パスワード
ログイン
❷
SBI 証券
マーケット
国内株式
海外株式 海外 ETF
投信
債権
❸
決算発表スケジュール >
銘柄スクリーニング >
優待検索 >
チャート形状
業種 >
ヒートマップ
❹
検索結果
市場
東証P (1834)
東証S (1442)
東証G (538)
東証ETF (318)
東証REIT (60)
地方市場 (104)
その他 (23)
すべて選択する
規模
大型株 (100)
中型株 (370)
小型株 (3344)
+検索条件を追加
❺
財務4
コンセンサス
株価パフォーマンス
PER(株価収益率)
PBR(株価純資産倍率)
配当利回り
BPS (1株当たり純資産)
EPS (1株当たり当期利益)
ROE(自己資本利益率)
ROA (総資産当期利益率)
PER変化率
PBR変化率
益利回り
売上高
経常利益
当期純利益
自己資本比率
有利子負債自己資本比率
流動比率
当座比率
PSR
PCFR
財務
コンセンサス1
株価パフォーマンス
PER (株価収益率)(予)
配当利回り(予)
BPS (1株当たり純資産)(予)
EPS (1株当たり当期利益)(予)
PEG(予)
売上高当期純利益率(予)
長期成長率(予)
売上高成長率(予)
経常利益成長率(予)
売上高変化率(予)

❻

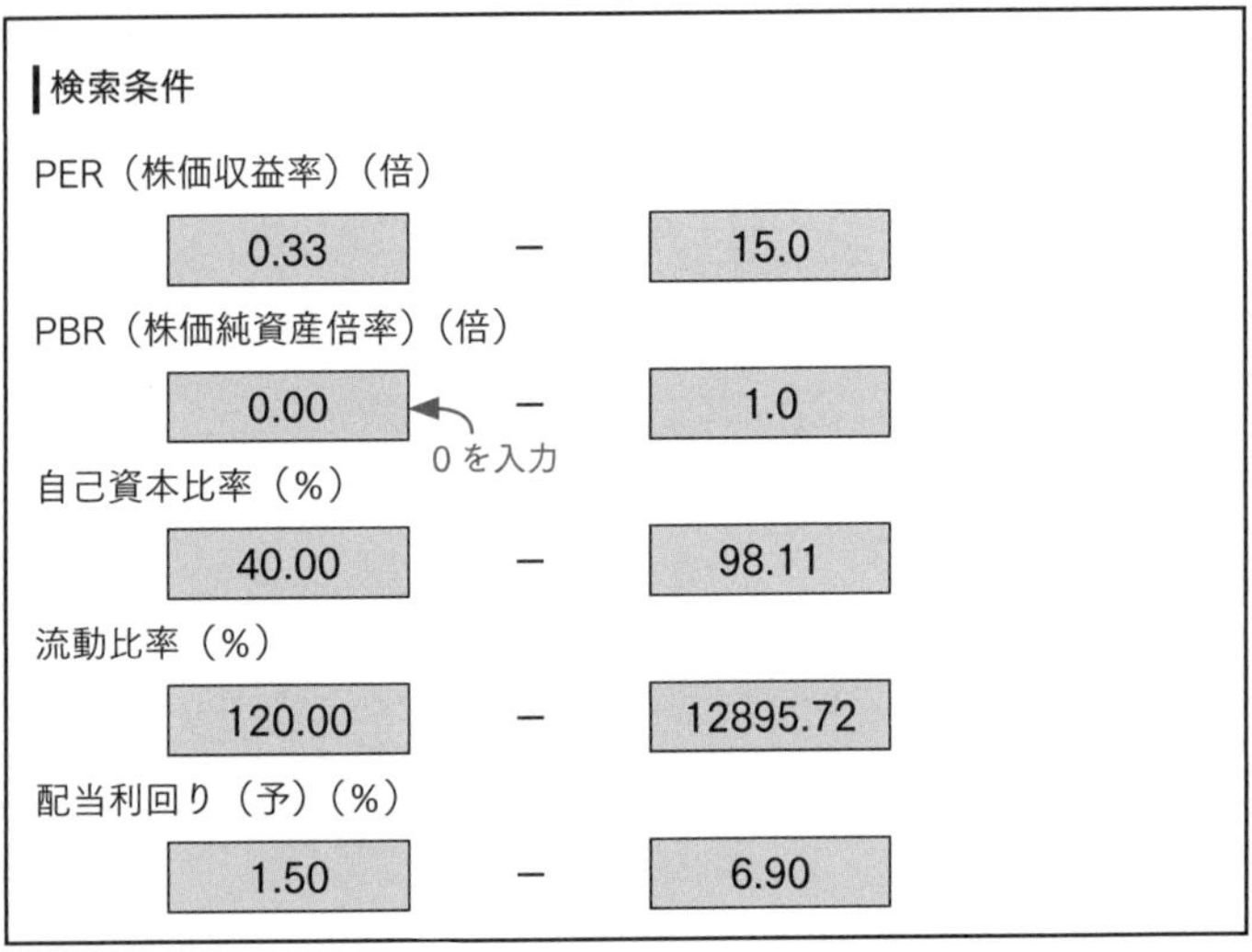

【検索結果①】

❼

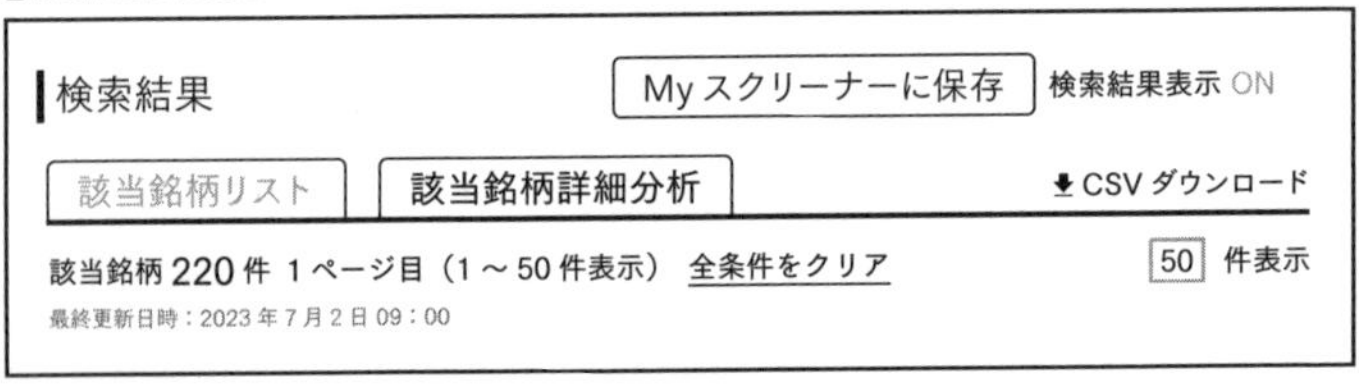

※検索結果は、スクリーニングの時期により異なります。

❽

検索条件

PER（株価収益率）（倍）		
0.33	－	15.0

PBR（株価純資産倍率）（倍）		
0.00	－	0.50

自己資本比率（%）		
50.00	－	98.11

流動比率（%）		
150.00	－	12895.72

配当利回り（予）（%）		
3.50	－	6.90

投資金額			
	万円以上	20	万円以下

【検索結果②】

❾

コード	銘柄名	市場	現在値	前日比(%)	PER(株価	PBR(株価	自己資本比	流動比率('	配当利回り(予)(%)
4078	堺化学工業	東P	1869	-17.0(-0.9	12.9	0.38	62.87	246.61	3.75
5970	ジーテクト	東P	1722	+4.0(+0.2	7.21	0.45	57.05	183.63	3.83
6143	ソディック	東P	712	-4.0(-0.56	6.32	0.46	58.46	266.32	4.43
6463	ＴＰＲ	東P	1693	+31.0(+1.	15	0.43	50.53	181.58	3.54
8871	ゴールドクレスト	東P	1794	-15.0(-0.8	8.56	0.46	68.93	1,116.18	4.46

※検索結果は、スクリーニングの時期により異なります。

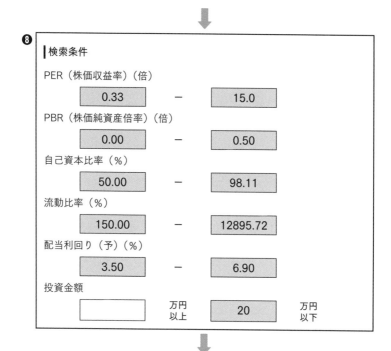

「投資予算は30万円しかない」「配当利回りはせめて3％欲しい」「株価がより原価割れしている銘柄」「もっとPERが低く割安度が高い銘柄」「ビビりだから財務内容がもっと優秀な銘柄」　etc……

こういった個人的な感覚を加味し、初期設定の検索条件をご自身の好みにカスタマイズするのです！　例えば……

①PER…15倍以下↓変わらず
②PBR…1倍以下↓0・5倍以下
③配当利回り…1・5％以上↓3・5％以上
④流動比率…120％以上↓150％以上
⑤自己資本比率…40％以上↓50％以上

この数値変更は、「株価がより原価割れした激安状態で、より高配当で、より健全経営な銘柄」を意味する、とても贅沢でわがままなスクリーニングの検索条件と言えるでしょう。

さらに、私たち個人投資家にとって重要な指標が一つあります。機関投資家とは違い投資予算が無尽蔵にあるはずもなく、それぞれのお財布事情があります。なので条件として**【投資金額】**を追加入

力するのも、銘柄を絞り込むうえにおいてとても有効な手法です。ここでは、

投資金額…20万円以下

と、これくらいだったら資産運用に回せるかな……といった金額を追加入力してみます（47ページ❽）。

すると……今度は一気に44分の1のたった5社に!!（【検索結果②】〈47ページ〉）一見ハードルがかなり高めの厳しい数値を入力しても、このように最終候補銘柄は抽出されたのです。

ここで、皆さん、なにかお気づきではないですか？

4078堺化学工業　（株価1844円）
5970ジーテクト　（株価1729円）
6143ソディック　（株価　712円）
6463TPR　（株価1693円）
8871ゴールドクレスト　（株価1794円）

❹そして選ばれし銘柄は？

抽出された5銘柄、そのうちご存じの企業は何社ありますか？　日本株投資最終候補に浮上した企業、そのいずれもが知名度においては実にイマイチなのです！

「ホントに大丈夫？」
「知らない企業に投資するのはちょっと怖い」
「やはりソニーや任天堂が心理的に安心」

その気持ち、日本株投資に不慣れな方でしたらごもっともなご意見です。しかし、私が序盤で声を大にして申し上げたことを、もう一度思い出してください。

個人投資家にとってその銘柄が有名か無名か？なんて全く関係ありません。
一番大切なのは
その株を買えば儲かるのか儲からないのか？
それだけなのです！

自信をもって最終選択を行いましょう！

なお、くれぐれも申し上げておきますが、株式投資に不慣れなうちはあくまで「初期設定の数値」がベースです。数値の修正を繰り返すと、しまいに常識とかけ離れた数値によるスクリーニングを行ってしまう危険性があるので、基本的には初期設定値を起点とすることが大切です。

❺最終チェックは【１株純益】の推移を見よ

前述のＰＥＲの解説の中でも簡単に触れましたが、企業がビジネスでモノを売ったり買ったりサービスを提供した対価として得るお金が【売上高】、そこから原料費や人件費といった必要経費を引いて残る利益が【営業利益】、これが本業で儲けたお金です。

ここから先は、持ち株の売却益や受け取った配当金、預金の金利や本業以外の利益や、逆に支払った借金の利息などを加減され、法人税等を支払った最終的な利益が【純利益】となります。

『会社四季報』最大の特徴として、業界担当記者の取材に基づいた将来２期分の【会社四季報独自】の予想が掲載されています。これを基に、はじき出された【１株純益（円）】これを大いに活用するのです！　ちなみに、『会社四季報』は２４００円で販売されており、本来この数値は購入しないと確認することはできません。しかしSBI証券のスクリーニング機能ではこの会社四季報独自予報が【無料】で確認できます（スクリーニング結果の銘柄名から、個別銘柄の会社四季報情報ページに遷移できます）。これを活用しない理由はありません！

それでは具体的に、先ほどのスクリーニングで抽出された5銘柄を最終投資候補として、会社四季報の独自業績予想を用いて、どの銘柄の株価上昇余地が一番高いか、すなわちキャピタルゲインをより得られるのか、これを実際に検証してみましょう（以下、SBI証券の個別銘柄の会社四季報情報ページの数値により検証していきます）。

残る投資候補銘柄は5銘柄です。最終のチェックポイントである**【1株純益の推移】**を見てみましょう。まずは直近の決算「2023・3」そして来期および来々期の1株益（予）と現時点の株価を用いてPERの変化を計算してみましょう。

なお、41ページにおいてスクリーニングを実施する際、ここでのみ【直近決算の1株純益】を用いると記述しましたが、その理由は

直近決算から来期、そして来々期までの業績予想によるPERの推移を知るため

です。

それでは、5銘柄の三期分の1株純益の推移を見てみましょう。

4078 堺化学工業（株価 1,844 円）
・今　期 2023 期　1 株純益 144.9 円　PER：12.7 倍
・来　期 2024 期（予）1 株純益 222.3 円　PER：8.3 倍
・来々期 2025 期（予）1 株純益 228.5 円　PER：8.1 倍

5970 ジーテクト（株価 1,729 円）
・今　期 2023 期　1 株純益 238.9 円　PER：7.2 倍
・来　期 2024 期（予）1 株純益 165.1 円　PER：10.5 倍
・来々期 2025 期（予）1 株純益 197.6 円　PER：8.8 倍

6143 ソディック（株価 712 円）
・今　期 2023 期　1 株純益 112.7 円　PER：6.3 倍
・来　期 2024 期（予）1 株純益 37.4 円　PER：19.0 倍
・来々期 2025 期（予）1 株純益 41.4 円　PER：17.2 倍

6463 TPR（株価 1,693 円）
・今　期 2023 期　1 株純益 112.9 円　PER：15.0 倍
・来　期 2024 期（予）1 株純益 201.8 円　PER：8.4 倍
・来々期 2025 期（予）1 株純益 237.4 円　PER：7.1 倍

8871 ゴールドクレスト（株価 1,794 円）
・今　期 2023 期　1 株純益 209.7 円　PER：8.6 倍
・来　期 2024 期（予）1 株純益 90.2 円　PER：19.9 倍
・来々期 2025 期（予）1 株純益 96.2 円　PER：18.6 倍

PERが下がれば下がるほど、「その銘柄の割安性は高い」ことを意味します。

5970ジーテクト・6143ソディックそして8871ゴールドクレストは、今期の1株純益と比較して、来期そして来々期は

PERが上昇傾向＝割安性は低くなっていく

ことがうかがい知れます。

対する4078堺化学工業そして6463TPRは、今期のPERと比較して来期そして来々期は

PERが低下傾向＝割安性は高くなっていく

ことが判断できるのです。

さらに、仮に2年後である来々期の業績が予想どおり成長したと仮定すると、今期の業績から計算したPERの水準まで株価が押し上げられたとしたら……次ページ上の計算結果のようになります！

現在の株価と比較して、2年後の両社の株価は

4078 堺化学工業（株価 1,844 円）
2025 期 1 株純益（予）228.5 円× PER12.7 倍≒ 2,902 円

6463 TPR　　　（株価 1,693 円）
2025 期 1 株純益（予）237.4 円× PER15.0 倍≒ 3,561 円

４０７８堺化学工業…57・4％ UP！
６４６３ＴＰＲ　…110・3％ UP！

６４６３ＴＰＲにおいてはあくまで計算上ですが、実に２倍以上もの上昇を遂げることになるのです！

ちなみに、両者の１株当たりの年間配当予想の推移ですが、２年後の配当予想から計算してみると

４０７８堺化学工業…３・90％
６４６３ＴＰＲ　…３・66％

両社は、年利において公務員の共済積立と比較しても実に３倍を優に超える超高利回りを得られるのです！

こうして、６４６３ＴＰＲが、インカムゲイン・キャピタルゲイ

ン両方の観点から見て投資するにふさわしい選ばれし銘柄……といった結果になりました。

配当利回りや商品優待ばかりに目がくらみ、購入した日本株が元本割れを引き起こしかねないリスクは前述しました。

今回、銘柄スクリーニングにより抽出された5銘柄は、個人投資家に大人気の商品優待はいずれも実施していません。しかし、そういったものは企業の投資対象の判断材料とは全く関係ないことが、ご理解いただけたかと思います。

今回、銘柄スクリーニングに用いた5つの指標、これらはバリュー投資の根幹である「基本的に企業の割安性に着目し、ひたすら追求を行う」を知るうえにおいて明確な根拠があります。

①ＰＥＲ及び②ＰＢＲ…株価の割安性
③配当利回り…長期保有における定期収入
④流動比率及び⑤自己資本比率…企業の健全経営度

これにより、日本株投資の大きなリスクである**【値下がりリスク】**をなるべく回避するのです。

さらに会社四季報データの「1株純益予想の推移」そして「年間配当の推移」で株価上昇の根拠と

なる**【企業の成長性＝株価の上昇力】**を判断するのです。

日先の優待に惑わされず、根拠のある指標を用いてスクリーニングをしっかり実施すれば、様々なリスクを抑えながら、「インカムゲイン」と「キャピタルゲイン」の両方取りを狙えるチャンスをつかむことも可能なのです。

これこそが、私が全ての公務員の皆さんにお伝えしたい**【「日本株」超シンプルバリュー投資法】**です！

繰り返しますが証券口座は無料で開設できて、スクリーニングも利用可能です。ご自身の性格や経済事情に即した基準を用いて、様々なスクリーニングをぜひ行ってみてください。その中で「コレだ！」といった銘柄に出会うことができたなら、日本株投資の第一歩を踏み出してみてはいかがでしょう？

それでは皆さま、ＧＯＯＤ ＬＵＣＫ！

スペシャル対談（後編）

高ポテンシャルを秘めた日本株を探す楽しみを会得しよう！

松邑　今回、星野さんが提唱する【「日本株」超シンプルバリュー投資法】での「実際の企業価値より安価である日本株を購入、中長期で保有し株価上昇を狙う」という基本スタンスは、よく理解できました。しかし、例えばアメリカ株でいうならば、巨大ＩＴ企業であるＧｏｏｇｌｅ・Ａｐｐｌｅ・Ｆａｃｅｂｏｏｋ・Ａｍａｚｏｎの４社の頭文字を取って作られた言葉【ＧＡＦＡ】と言われる銘柄の株価は安価どころか、調べてみたらＡｐｐｌｅのＰＢＲは56倍（２０２３年６月現在）と企業解散価値の56倍もの株価、そしてＡｍａｚｏｎにおいては赤字決算にもかかわらず、かなりの高値水準で推移しています。

この現状は星野さんの主張と相反すると思われますが、このことについてどのようにお考えですか？

星野　おっしゃるとおりです。しかし言わせていただければ、だからこそ【日本株は買い】と私は考えます！　繰り返しになりますが、株式投資には大きく分けて２つのスタイルがあります。

> 企業の成長率が他社と比較して高い銘柄を狙う：グロース投資
> 企業価値が本来の価値と比較して安価な銘柄を狙う：バリュー投資

私は後者の「バリュー投資」にこだわって、

これまで資産運用を行ってまいりました。松邑さんの意見は、相反する「グロース投資」にカテゴライズされます。日本株で「グロース投資」の代表銘柄と言えば、

●８２６７イオン：92・２倍

●４６６１オリエンタルランド：88・０倍

※ディズニーリゾートを運営

●４９１１資生堂：66・５倍

特に、知名度抜群のイオンやオリエンタルランドは日本株屈指の人気銘柄ですが、その人気ゆえ「上場企業平均ＰＥＲ値の15倍」を大きく上回る90倍前後にまで大きく値を上げているのです。

こういったかなりの高値まで買われているということは、株価の根拠が説明しづらい水準であるということであり、ここから購入してもちょっとしたきっかけで多くの投資家が逃げ出し、結果値崩れを起こして多額の含み損を抱える……といった不安材料を抱えているのです。

仮に、イオンが現在の「上場企業平均ＰＥＲ値の15倍」まで売り込まれたとしたら、株価は６分の１となります。これが「グロース投資」最大のリスクなのです。

松邑　ということは、長期投資によって継続的に資産を増やすには「グロース投資」は不向きなのですか？

星野　「グロース投資」には爆発的な上昇力が見込める反面、堅実性に欠けるといったリスクがある、と私は考えます。３年あるいは５年と保有を持続させるには、株価が買値より下がった状態で保有を続ける、すなわち「含み損」を長期間抱えるというのはやはり精神衛生上良くありません。値下がりリスクをなる

べく避ける手法、それはやはり「バリュー投資」なのではないかと思います。

　そして今後、日本株はますますバリュー投資が注目されると考えます。その理由はズバリ！

【日本株は国際的に見てもかなりの割安水準にある】

【実践！「日本株」超シンプルバリュー投資法】において、現在日本の上場企業のうち半数がＰＢＲ１倍割れの原価割れ状態（ＴＯＰＩＸ〈東証株価指数〉では54％）であることを述べましたが、ヨーロッパ先進国における証券取引所に上場する上位６００銘柄では日本株の半分以下の24％、さらにアメリカを代表する５００銘柄では日本株と比較してわずか18分の１である３％しかＰＢＲ１倍割れ銘柄が存在しないのです！　これは、いかに日本株の多くが割安な状態で放置されているかという証、といえるでしょう。

松邑　ということは、今後海外投資家がさらに買いにくると？

星野　と、私は考えます。となるとその巨額な資金は、既に高値水準である大人気のイオンやオリエンタルランドにさらに投入される、というのは現実的ではなく、「株価が原価割れ状態の安値水準で長年放置された、日々堅実に経営を持続し成長を続けるマイナー銘柄がメイン投資対象となる」と、考えたほうが説明はつきやすいかと思います。

松邑　前述のスクリーニングで抽出された5銘柄ですが、一見すると、６１６３ソディックの７１２００円で購入できる単価の低さや、８８７１ゴールドクレストの４％を超える配

⁘ 過半数がPBR 1倍割れに放置されている日本企業

各株式市場のPBR水準別の分布（2023年3月10日現在）

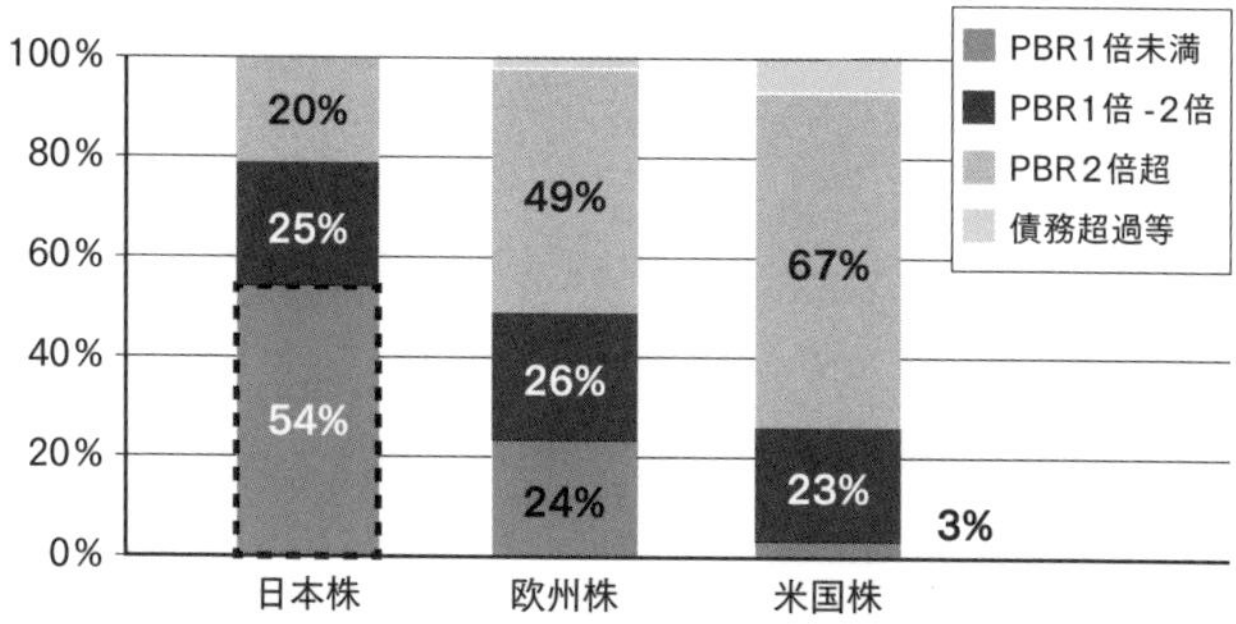

（注１）日本株：TOPIX、欧州株：STOXX600、米国株：S&P500
（注２）グラフ中の数値はPBR水準別の比率。
（出所）ブルームバーグより野村證券投資情報部作成

当利回りといった、目に入ってくる美味しそうな優良情報に目が留まりがちですが、星野さんの提唱する**【「日本株」超シンプルバリュー投資法】**のさらに一歩踏み込んだ未来を加味する投資法は、ぜひこの本を手にしてくださった皆さんも学んでいただきたいかと思います。

星野　そうなんです。それこそ皆さんにお伝えしたかったメインテーマで、視覚に訴えかけてくる情報を少しだけ深読みして、ほかの個人投資家さんが気づかないポテンシャルを秘めた日本株を探す楽しみを皆さんにもぜひとも会得していただきたいです。

松邑　あと、日本株投資を行うに際してやはり「売りのタイミング」は誰もが気になるところです。例えば「プラスマイナス20％で売り」のような様々なルールを設定、といったものを耳にしたりしますが、この点について何かアドバイスがあればぜひよろしくお願いします。

星野　私と同じ自治体に勤務する同世代の研究職の知人がいますが、職種柄、科学分野が大好きで今や瞬間接着剤の代名詞にもなっている「アロンアルファ」に惚れ込み、製造メーカー**【４０４５東亞合成】**を25年前から10年間定期的に買い増しを続け、そのまま現在も保有しています。ちなみに現在、株価は平均買い単価の実に4倍、配当は驚愕の年利９％とのことです。これぞ究極の超長期投資です。

松邑　まさに公務員投資家の鑑ですね！

星野　ただ、こういったケースは非常にまれで、いつか売却する判断を下す時が訪れることを考えておくのは株式投資の定石かと思います。今回は限られたページで日本株投資を解説しなければならず、全てをお伝えするのは困難ですが心構えはお話ししておきたいと思います。

松邑　そうですね、幸い投資した日本株が値を上げてもその後の対処がわからないのも困りものですからね。

星野　身も蓋もないお話になりますが、「買い」には根拠となる明確な数値がありますが「売り」にそのような数値は存在しません。なぜなら「企業価値は日々変動」するからです。ただ一つ申し上げるならば、「その売値で自身が買えるか？」が一つの判断基準かと思います。保有株を売却する際、その株価で誰かが買ってくれないと売買は成立しません。自身が「こんな株価じゃ買いたくない」と思う価格ではほかの投資家も買わないでしょう。

松邑　例えば、２０００円の価値がある株は

１８００円ならまだ少なからず上昇の余地があるので買う人はいても、２２００円では買わないということですね。

星野　そういう理屈になります。

松邑　この対談もそろそろ終わりの時間ですが、最後にこの本を手にして日本株投資に俄然興味がわいてきた公務員の皆さんに何か一言ありますか?

星野　日本株投資のみならず資産運用を行うに際して、守るべき鉄則が２つあります。それは

投資は「余裕資金」と「分散投資」で

です。

「余裕資金」とは生活していくうえにおいて、「当面支出する必要がない現金」です。

特に住宅購入資金や子どもの教育資金といった近いうちに確実に支出しなければならない預貯金に手を付けるのはもってのほかです。将来のために目先の生活設計が狂ってしまっては、これこそ本末転倒です。

松邑　確かに、将来設計を壊しかねないリスクを背負う資産運用はもってのほかですよね。

星野　そしてもう一つ、「分散投資」もリスク回避の一つの手段です。「投資はやはり怖いから資産は現金貯蓄のみ」という方も多くいらっしゃるでしょう。しかし資産運用の概念からするとこれは「日本円の一点買い」という「集中投資」となっているのです。

松邑　私も、日本円の一点買い状態です(笑)

星野　確かに今の日本情勢から、円の現金保有が原本割れを引き起こすことはかなり考えにくいです。しかし、日本株でさらに効率よく資産を増やせるかもしれない、といったリターンをみすみす逃しているという、ある意味リ

スクを背負っていることになるのです。

資金が少額だと分散投資は難しいかもしれませんが、例えば「30万円の余裕資金」があるとしたら、株式投資に不慣れな方が1銘柄に集中させる**【一点張り投資】**はあまりお勧めしません。なので、以下のように

●2銘柄に15万円ずつ配分
●3銘柄に10万円ずつ配分

と、前述した「自身のオリジナルファンド構築」してリスク回避のために資金を分散させるほうがベターです。ただ、株式投資に不慣れな方が分散させすぎると今度は個々の銘柄に目が届かなくなりかねないので、せいぜい3～5銘柄までにとどめておくほうがいいかと思います。

松邑　長時間にわたり、ありがとうございました。

星野　こちらこそ、ありがとうございました。

COLUMN

ビットコインやポケモンカード転売など、流行的投機商品に手を出すか

数年前にビットコインに興味を持った人は大勢いるだろう。2023年現在、ポケモンカードが高騰し、カード転売によって稼げるという情報をよく聞くようになった。これらの投機的バブルと言える商品に興味がある公務員の方々も大勢いると思う。もちろん資産を増やせる可能性はあるが、あまり詳しくないのに、なんとなく儲かるからと参入することは絶対にお勧めしない。

「01　資産運用を行う」で星野氏が語るように、自分の知識がなくて、なんとなく儲かりそうと参入しても儲けることは非常に難しい。なぜなら、他力本願のアドバイスだけで継続して稼げるものは世の中に存在しないからである。ポケモンカードの場合は、人気キャラを把握し、再販するリスクなどを考慮してカードを調達する必要がある。ビットコインの場合は政府の意向によっていきなり暴落するリスクもある。自分にとって、不安定な材料があまりにも多いものは、もはや資産運用のための投資ではなく、ギャンブルになってしまう。一過性で稼げる場合もあるかもしれないが、継続して稼ぎ続けることは難しいだろう。

また、短期での売買は業務に支障を及ぼすので、手を出す場合は長期的に運用することを考えるべきである。この考えを念頭に置いて、危険だと判断したものには、貴重な資金を投じることがないようにしてほしい。

1 公務員が副業を行う重要性

～精神的ゆとりを手に入れる～

副業はあなたの人生を大いに豊かにする。本業以外に、もう一つの収入口があるということは、組織に依存する必要性が格段に減っていることを意味し、あなたが独立してもやっていける自信を持つことにつながる。だからこそ、副業規定のルールに従って、公務員も副業することが重要である。

私は市役所時代に、過酷な業務を課されることが多くあったが、もう一つの収入口を確保することで、精神的に追い込まれることがなくなった。正確に言うと、当時は収益を生む副業をしていたわけではないが、収益を見込める媒体を作り上げていたので、今後もし理不尽だと思うことが続いても、最終的に市役所を辞めれば良いという考えを持つことができた。このように、副業は精神的な安定剤として作用することがある。

もう一つ副業を行うメリットがある。それは、公務員の本業に携わるモチベーションも高められることである。中毒性や常に監視していないといけないもの（例えばギャンブル性が高いものや、日々の値動きが激しい商品などを売る性質のもの）で、かつ本業とはかけ離れ、公務員の仕事に何も役立つ経験が得られない副業は、本業に悪影響を及ぼすが、そういった性質がない仕事であれば、むしろ本業の経験が役立つことがあり、仕事のやる気も高めることができる。私は市職員時代に、人員が足りなくて、有給休暇が完全に消化できずに消滅してしまうことはたくさんあったし、代休が取れないこともあった。そういった状況でも、公務員の職務経験は、副業に携わる際に役立てることができるし、副業の経験も本業で役立てられると考えると、公務員の仕事に一層やる気を出して取り組むことができた。

本業以外の活動を持続的に続けるには、明確なメリットを見出すことができないといけない。つまり、自分が何らかの事業を立ち上げる場合、収益を生む、あるいは人脈形成など金銭面以外のメリットを見込めることが重要である。ただし、本書は国家公務員法や地方公務員法に定められている副業規定を破って、職場に隠れて何か副業すべきと推奨する内容ではないことを伝えておく。公務員には副業規定があって、ほとんどの自治体では副業が原則禁止されている。だからこそ、法は公務員として守るべきであるし、決められたルールの中で創意工夫するという考えを持つべきである。

序章で説明したとおり、私は市職員時代に公務員試験の受験生に向けた動画チャンネルを立ち上げていた。匿名で音声だけ配信するシンプルなものだったが、チャンネル登録者が増えるにつれて、今後は何かの形でこの媒体が役立つだろうと確信を持っていた。

これはあくまで一例である。あなたが今後何らかの活動を考えている場合、具体的に将来どのように役立つのか、あるいは収益化できるものになるのか、プランを考えて取り組む必要があるだろう。

知識をインプットし、アウトプットすることで、コンテンツ資産を築く

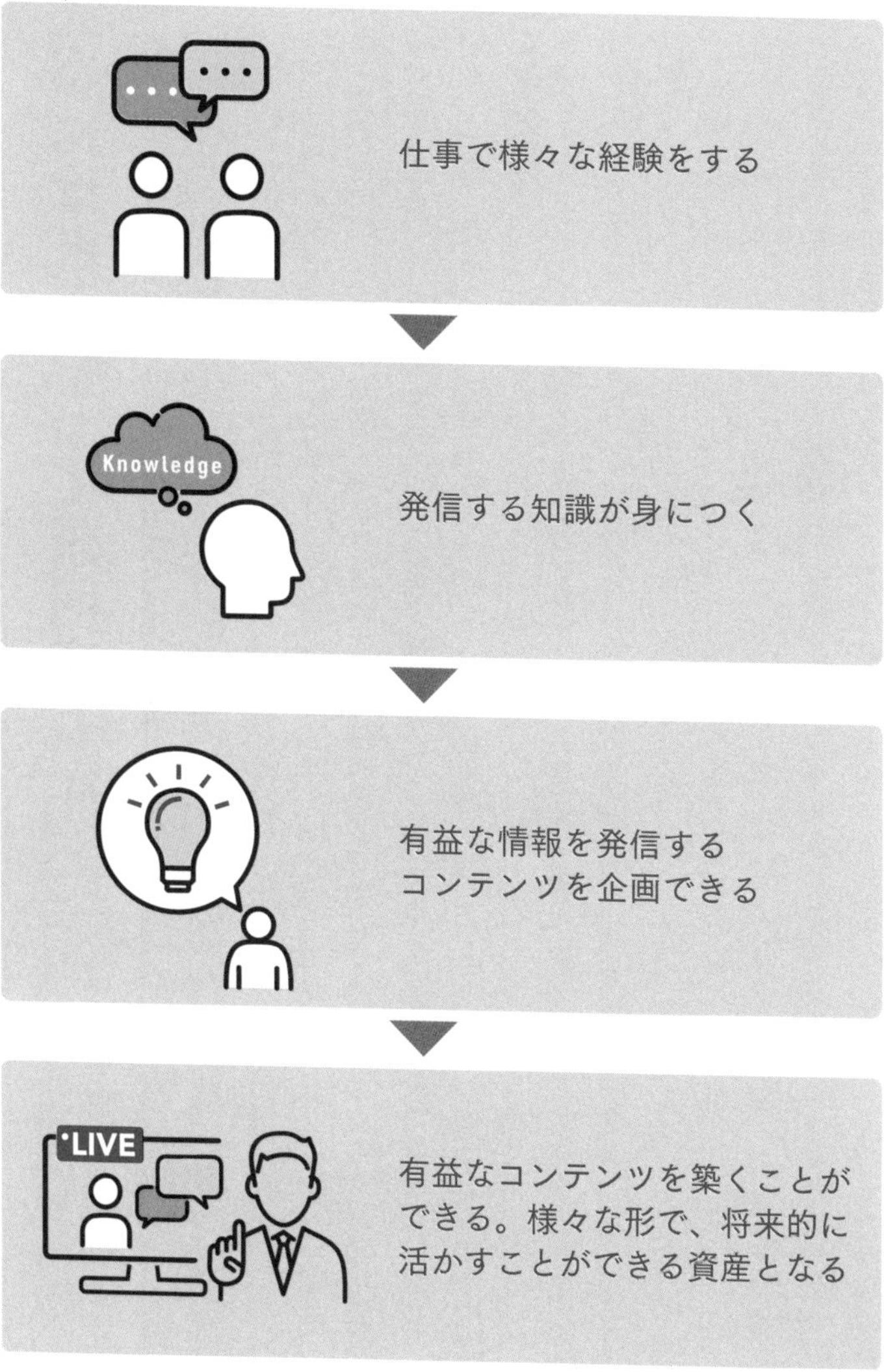

仕事で様々な経験をする
Knowledge
発信する知識が身につく
有益な情報を発信する
コンテンツを企画できる
LIVE
有益なコンテンツを築くことが
できる。様々な形で、将来的に
活かすことができる資産となる

2

人事にはどうやって説明するか

決して法は破らないというコンプライアンス意識はしっかり持ってほしい。あなたが今後、公務員としてキャリアを築くうえで、副業規定に反して大ごとになってしまった場合、取り返しがつかない事態に陥るからだ。また、これだけならバレないから大丈夫だろうと行動がエスカレートし、職員間で噂になって退職に追い込まれた人の例もある。知らず知らずのうちに昇格に影響することもある。だからこそ、人事には筋を通しておくべきである。「そんなこと当たり前じゃないか」と思うだろうが、自分を守るために、とても大事なことなので、この考えをあなたに改めて伝えたい。

では、どうやって説明するか本題に入る。

まず、上司（所属長）には報告する必要がある。ここで、上司によっては反応が大きく変わってくるだろう。上司がフランクに話しやすいタイプならば、そのタイミングを逃さずすぐに副業申請をしておくべきである。厳しい上司や、関係性が悪い上司に副業申請の決裁を通さないといけない場合、上司との交渉が困難になるからである。なお、副業として認められやすい仕事は、次のものが挙げられる。

- 農業
- 作家、執筆業（公務員の信頼を損なわないテーマに限る）
- 地域貢献活動に関連する事業

私の知人で、農業をしたいと人事部の方に電話確認をとったうえで、副業申請の際に「農業などのマニュアル本の執筆」も申請書に書き加えて提出した方もいる。このように、まずは認められやすい農業の副業申請から行うと、抵抗感なく副業申請の話に持っていけるだろう。私も市役所に入庁して2年目の時、「父親が日曜農家をしているが、父の農業を受け継ぐために副業申請したい」と上司や人事部署に相談すると、それなら問題ないだろうと好意的な返答が返ってきた。

農業に従事する環境がない人の場合は、作家・執筆業で副業申請することが現実的である。何を記載するか決まっていない場合は、とりあえず仮のテーマを決めて、上司に執筆活動がしたいと話を持ちかけることが必要である。ここで申請したものは、必ず完遂しないといけない義務を持つわけではないので、自分の経験や経歴を考慮し、周りに認められやすいものを考えると良いだろう。一度副業申請の決裁が完了すれば、堂々と副業ができる。特に地域振興に関連するものは認められやすい。

3 副業する時間をどう作るか

仕事と並行して副業に取り組むには、何よりも規則的な習慣づけが必要である。私は現役職員時代、朝5時に起きて動画収録を行うことを習慣づけしていた。最初は辛いと感じる時もあったが、1週間ぐらい続けると慣れて苦痛ではなくなった。また、朝の時間帯を選んだのは、頭がすっきりしていて集中できるからである。夜間だと、公務員の職務を終えてから取り組むことになるので、特に頭を使う仕事では十分なパフォーマンスを発揮することができない。資格取得のための勉強も、周りの方々は朝に取り組んでいる人が多かった印象である。人によって朝型、夜型に分かれるだろうが、私は朝取り組んだほうが良いアイディアを思いつくことが多く、集中して取り組むことができた。

ただし、公務員の仕事は毎日定時で終わるとは限らないので、ルールを徹底し、自分が怠けないようにしていた。例えば、夜8時まで残業だった場合、翌朝は睡眠に使うというルールを設けることである。こうすることで、取り組むことができない時も理由を明確にして、怠けているといった罪悪感を感じないように心がけていた。副業に専念して本業に影響が出てはいけないので、本業の忙しさが一定ラインを超えた場合は、副業を後回しにすることで、自分が怠けてしまうことを防ぐことができる。

どうしても激務の部署にいる時や、繁忙期は本業優先であるので、部署異動するタイミングを狙って取り組むことになる。公務員は、本業に支障が出ない範囲で特例として一部の副業の認可を得ることで取り組めるので、その特例の趣旨を忘れてはいけない。本業を疎かにすると、人事評価に影響し、あなたのキャリアにも大きな悪影響を及ぼしてしまうからだ。

4 公務員ができる具体的な副業

本項では、副業が原則禁止されている中で、どのようなことができるか解説する。具体的には、次のものが挙げられる。

- 本を執筆する
- インターネットを活用した事業を構築する
- 地域貢献に結びつく事業に従事する

公務員ができる執筆業とインターネット業の進め方については、後ほど詳しく解説するが、両者に共通していることは、知識を提供するコンテンツを築くことである。そんな知識なんて自分にないと考える人が多いだろうが、少し発想を転換するだけで、人が求めるコンテンツはいくらでも作れる。次の考えは、絶対に覚えておいてほしい。

「稼げるネタは、身近なものにたくさん潜んでいる」

身近なものでも、簡単に事業化できてしまうものがたくさんある。私は過去にハムスターを飼育して、153万円稼いだことがある。もちろん153万円は売り上げではなく、純利益である。具体的に取り組んだ方法は、ハムスターの臭いを抑えて飼育するマニュアルを制作し販売したことである。私はハムスターを飼育している際、室内飼育は予想以上に臭うことが課題だと感じた。そこで、家族と試行錯誤して、様々な情報媒体や、飼育用品を試して、生物分解によって臭いを極力抑える飼育方法を確立した。

具体的な方法は至ってシンプルなものである。2017年頃まで販売されていた「ネイチャーサンド」という鳥やハムスターなどに用いる土と、EMWという乳酸菌や酵母などの微生物が含まれる消臭用途の製品を組み合わせ、定期的にEMWをネイチャーサンドに混ぜて臭いを抑えるという方法である。つまり、既製品を組み合わせただけの方法だったのだが、これをブログで無償公開するのではなく、電子書籍に限定して販売することにした。自分で一からマニュアルを宣伝することが面倒だったので、※アフィリエイトを活用し、アフィリエイターの方々に拡販してもらうことにした。他の人たちに電子書籍を宣伝してもらうことで、労力を費やすことなく多くの人にPRすることができた。

こういった飼育マニュアルは存在しなかったことから、ハムスター飼育サイトの所有者等はアフィリエイトを活用することで紹介料が得られるため、多くのサイトに私の書籍が紹介された。

4年間継続して売れたので、累計153万円の売り上げとなった。

こういった執筆活動は、公務員でもできる。副業申請を行うことで、自分が主体的に行うこともできるし、副業申請が厳しい場合、事業を発案して、そのアイディアを家族に実行してもらったり、家族に販売者となってもらうことで、収益を生むことができる。

ハムスターの事例のほかにも、私は過去にブームとなっていたレッドビーシュリンプという観賞用エビの繁殖に挑戦したことがある。様々な製品を試したり、いろいろなショップに出向いて繁殖方法を確立させたが、レッドビーシュリンプを販売するだけでは、あまり利益を得ることはできなかった。そこで、ハムスターの事例と同じ方法で飼育マニュアルを作り、6980円で販売し、アフィリエイターに拡販してもらうことで、8年で累計450万円の利益を上げることができた。


このように、コンテンツビジネスはちょっとしたアイディアで多くの収益を上げることができる。また、家族が事業を主体的に行う考えを先ほど述べたが、アイディア発案やノウハウ確立は公務員の方が行っても副業規定に触れることはないし、マニュアル完成後は家族に譲渡してしまえば、あなたが何か収益を得る事業を営んでいるわけではないので、法律に触れることもない。

このやり方は、今も通用する方法である。現在は、Amazonで電子書籍を販売する方法が有効であると考えるので、もしあなたが他人にとって需要があると思うネタを持っていれば、すぐに副業申請して取り組む、あるいは家族の協力を得て始めても良いだろう。

※アフィリエイトとは

アフィリエイトとは、インターネット上で配信する「成果報酬型の広告」のことである。ウェブサイト等のメディアを持つ運営者が、自分のメディアに広告を掲載し、その広告から商品が購入されると、運営者に一定額の報酬が発生する仕組みとなっている。

5 本の執筆は、即金性がある数少ないビジネス

公務員が副業申請して比較的認められやすい事業は農業、家業手伝い、不動産（相続・所有している場合）、執筆が代表例として挙げられる。この中で、初期投資が少なく継続して利益を上げられる事業は執筆（書籍の出版）である。自分には何も書けるものがないと考える人が多いかもしれないが、先述したように、世の中いくらでも稼げるコンテンツは転がっている。例えば、あなたにある程度の語学力がある場合、国内に需要があるにもかかわらず、和書ではその需要に対応できていない分野を見つけ出して、自分が開拓することも可能である。

過去にはiPhoneアプリバブルと言われるように、大企業が予算をかけて作成したアプリだけでなく、多くの個人制作iPhoneアプリがダウンロードされる時代があった。その需要に応えるために、多くの人々は競ってiPhoneアプリを作成する際に必要な言語であるObjective-Cを学ぶ努力をしていた。

しかし、バブルの当時、和書ではiPhoneアプリを作成する解説コンテンツが不足していた。一方で、洋書はiPhoneアプリを作成する解説書がある程度充実している状況だった。このよう

な状況を踏まえ、洋書を読み込んで、いち早くiPhoneアプリを作成する書籍などのコンテンツを作成し、販売することで、利益を上げることもできただろう。

ほかにも、私のように趣味の延長線で、そのジャンルの愛好家にとってニーズある情報をまとめても良いだろう。ここで注意すべきことは、お金を出してでも入手したい需要があり、かつ過度に競争が発生しないテーマを選ぶべきである。悪い例として、ダイエット関連のテーマが挙げられる。確かに世の中のニーズはものすごく大きいが、大手企業が参入し、個人が出版したところで競争に勝つことができない。ほかにも、キャンプに関するテーマの場合、既に無償で獲得できる情報が多く、お金を出してまで入手したいコンテンツにならない。日常生活の中で、これは需要があるが、供給があまりされていない状況だから、個人でも勝てると見込めるテーマを選ぶべきである。

公務員の方々は、知識と教養がある。自分の経験を活かして、ゼロからコンテンツを作ることもできる。また、ゼロからコンテンツを作ることができない場合は、iPhoneアプリの事例のように語学力を生かして「知識の転売」を行うという考えを実践し、自分ができる事業を開拓すべきである。

✤意外と多い公務員の出版

公務員として執筆活動をしている方は意外と多い。私が参入した公務員試験対策業界においても現役公務員の方が執筆している対策本がいくつもある。また、地域振興関連のほかに、資産運用に関するジャンルで執筆している方もいる。

守秘義務は守らないといけないが、公務員だからこそ、他人にとって有益な情報を提供できる経験を積み重ねる機会はたくさんある。例えば、自治体職員として、入札案件や、民間企業の営業提案に何度も対応してきた経験がある方は、民間企業に向けて「自治体向け営業戦略」をまとめた本を執筆することができる。特に、最近は民間企業のアイディアを考慮し、選定業者を決める公募型プロポーザルを採用する自治体の案件が増えている。こういった業務に対応した方は、どのような提案が採用されやすいかという視点を企業に向けて解説することができるだろう。ここで何度も言うが、守秘義務に触れることを暴露しろという意味ではない。企業に対して、提案書の様式や、予算成立スケジュールを勘案した準備や、自治体職員に刺さるポイントなどを解説する書籍があれば、一定の需要が見込めるだろう。

ほかにも、日頃の仕事から書けるコンテンツはたくさんある。企画書のテンプレート探しに困る場面は、行政職の職員は容易に想像できるだろう。こういったテンプレートを自前で作成し、コンテンツをまとめたうえで販売すると、予算編成の時期に一定の需要を見込むことができる。日頃の自分の仕事がＷｏｒｄなどでまとめた電子書籍をＡｍａｚｏｎで販売することに役立つなら、精一杯頑張る意欲が湧くし、収入も増えて一石二鳥である。本業である公務員の仕事に役立つテーマを決めたうえで副業に取り組むことは、本人とって良い影響をもたらす。

私自身の経験だが、松村塾を運営して3年経過したとき、いくつかの企業から自治体向けの営業方法や、企画書についてアドバイスが欲しいと連絡を受けたことがあった。このように、自分の経験が思わぬところで他人に役立つことがある。ぜひ、普段から多角的な視点を持って、他人が欲しがるどのような知識を自分なら提案できるか考えてほしい。

✤出版社へのアプローチ方法と企画書の書き方

出版社へのアプローチは、意外と簡単である。一般的に出版社の敷居はとても高く、よほど影響力ある人物になれないと出版はできないと考える人が多いだろう。だが、出版社の方と関わると、予想以上に斬新かつ需要あるネタを日々求めていることがわかった。あなたの頭の中にある知識が、他人にとって欲しい情報であることは、たくさんある。前項で説明してきた数々の事例を見れば、他人が欲しがるコンテンツは意外と多いことを理解していただけただろう。私自身も、日頃ＹｏｕＴｕｂｅ

で公務員試験対策の情報を発信しているが、少数の人に届けば良いと考えていた内容が、大勢の人々にとって需要あるテーマであったと実感することがたくさんある。頭の中にしまっておくだけではもったいない。電子書籍販売は、Ａｍａｚｏｎを活用してすぐに行うことができるが、あなたのブランド価値を高め、社会的信用を勝ち取るには、何よりも書籍出版が効果的である。講演会に呼ばれるなど、今後の仕事獲得にも結びつく。

テーマの選定のコツについては、前項で説明したが、出版社には、自分の書籍がどれだけ売れる見込みがあるかわかりやすく伝えることが重要である。最初に提出する企画書の分量はＡ４用紙１～２枚程度にとどめてほしい。執筆する本のテーマと、コンテンツの概要を記載するだけでなく、ライバルとなる書籍は存在するのか、どれだけの需要が見込めるのか詳しく記載することで、担当者の興味を惹くことができるだろう。

要は、売れるテーマを書けるなら出版社にとってもメリットがあるので、話に応じてもらいやすくなるということである。自分の日頃の経験に基づいて、どれだけの需要があるか説明する方法が考えられるが、やはり数値があると説得力が格段に増す。類似するテーマの書籍がどれだけ売れているか根拠を示す方法が手っ取り早いだろう。ほかにも自分でＡｍａｚｏｎ電子書籍として販売して、どの程度売れているか検証したり、ＹｏｕＴｕｂｅなどで配信して、どれくらいの反応があるか集計することで、担当者を納得させられる材料が揃う。後ほど解説するが、ＹｏｕＴｕｂｅなどネット上で配信するコンテンツを作ることは、世の中にどれだけのニーズがあるかテストマーケティングすることに役立つ。どんなビジネスを行うにしても、テストマーケティングを行って、需要があることを確認してから本格的に着手するととても成功率が高い。この考えを徹底し、出版社にアプローチする際には、根拠資料をしっかりと作り込むことが必要である。行政職の方であれば、来年度の事業案を企画する際や、国などの補助金を獲得する申請書を作成する際、事業の費用対効果を根拠を用いて作ることが多いだろう。こういった経験がある方は、ぜひその経験を生かして出版社へのアプローチを行ってほしい。

✤プレスリリースを絶対に忘れないこと

書籍を出版した際に、絶対に行うべきことはプレスリリースである。プレスリリースとは、記者発表である。自分の本が新聞記事やテレビに本当に取り上げられるか不安に思うかもしれないが、取り上げられる可能性は一般的に考えられているよりもはるかに高い。私は公務員試験対策本である『公務員試験　受かる面接　落ちる面接』（吉田和敏名義・エクシア出版）を出版した際、一斉に複数の報道機関にプレスリリースしたところ、地元のケーブルテレビと北陸中日新聞に取り上げていただいた。特に地方では、小さなネタでも日によっては掲載してくれる可能性が高く、掲載記事はあなたにとって大きな実績となる。

ここで、プレスリリース記事を作成する際に最も注意すべきことは、営利目的であると思われない文面にすることである。次ページに私が実際に本を出版した際の様式を掲載しているが、報道機関は、自分たちの媒体が営利目的で利用されることを極端に嫌う。だからこそ私は、元市職員が公務員になりたい方々を支援する書籍を執筆したという考えを強調して伝える文面を心がけた。ここで、合格率を高めるための秘訣を公開など営利的な表現が多い文章を記載すると、報道機関にとって取り上げたくない内容になってしまうので、注意しなければならない。また、多くのプレスリリース資料は不要である。A4・1枚に簡潔にまとめて、FAXで一斉送信するやり方がオススメである。その際、インタビューなどの連絡が来ることがあるので、必ずインタビューに応じることができる日時と場所を記載しておくこと。

プレスリリースする報道機関は、あなたが居住する地域によって異なる。全国放送や全国紙は取り上げられる可能性が極端に低いので、地元紙や地元ローカル局、ケーブルテレビに向けて発信すると良い。

プレスリリースの様式例

記者発表資料　　令和４年２月４日

送信元

石川県小松市土居原町 196 番地　公務員指導塾　松村塾　TEL 090-2124-2901

商品名	元能美市職員が執筆！公務員を目指す受験生のための本 「受かる面接　落ちる面接」
開催日時	令和４年２月９日　学習塾にて随時　取材受付
受付場所	石川県小松市土居原町１９６番地　松村塾
内　　容	**■概要** 元能美市職員である著者「松邑《まつむら》　和敏《かずとし》」が、これから公務員を目指す人のために公務員試験対策本を執筆。美雄市《みおし》（能美市がモデル）の採用試験合格を目指す女子大生「柊あや」が、石川県内の自治体がモデルとなる街の課題解決に取り組む Youtube アニメ～ボクが君を公務員にする～の内容を書籍化した内容になっております。 **■本の特徴** Youtube アニメと一緒に学べる内容となっており、公務員試験対策法だけでなく、POP なアニメキャラクターが地方自治体の役割・業務を教えたり、若い世代が行政と協働で地域振興に取り組む事例を掲載。公務員を目指す方だけでなく、地域振興に興味がある方や、施策立案のコツを学びたい現役公務員の方も楽しく学べる本となっております。 **■販売スケジュール** ２月１６日エクシア出版から発売予定。 現在、アマゾン、楽天ブックスなどで予約受付中。 ２月下旬には全国の書店にて取り扱い開始予定。 書籍化となったアニメ「ボクが君を公務員にする」 https://koumuinshiken.jp.net/strategy/anime/ 詳細は別紙
報道機関連絡（FAX 送信）日	令和４年２月４日（金）
情報解禁日	令和４年２月１０日（木）
担 当 者	公務員試験予備校　松村塾　代表　松邑　和敏
電話番号	０９０―２１２４―２９０１
E-mail	

6 地域活動に結びつく事業に従事する

地域貢献活動に密接に関わる事業とは、地域資源を活かした6次産業化事業や、空き家利活用ビジネス、地域貢献活動を行うNPO法人の職員として職務に携わることである。私の知り合いの職員が何人も取り組んでいることだが、こういった取組みも比較的認められやすい。なぜなら、公務員の仕事に直結して役立つ経験が得られるからである。

例えば生駒市では、次の副業規定を設けている。

地域貢献活動を行う職員の営利企業等の従事（副業）の促進について

生駒市では、職員の地域活動への積極的参加を促進し、公共性のある組織で副業に就きやすくするため、職員が職務外に報酬を得て地域活動に従事する際の基準（運用）を定めました。運用は、平成29年8月1日より開始しています。

より一層厳しい自治体経営が予測される少子高齢化時代にあって、持続可能なまちづくりを進めていくためには、市民と行政が互いの立場を認識し、自覚と責任を持ってそれぞれが役割を担い、協働しながら地域課題を解決していくことが必要です。しかし、公務員という職業柄から報酬等の受け取りに抵抗があり、ＮＰＯ活動や子どもたちへのスポーツ指導などの地域活動への参加を妨げる一因となっていました。
この明確化により、職員が地域活動に励み、市民との参画や協働によるまちづくりがより一層活発になることを目指します。

引用：生駒市ウェブサイト https://www.city.ikoma.lg.jp/0000010732.html

実際に生駒市の小紫雅史市長が事業構想大学で市職員向けの講演会を行った時、「コンビニバイトなどは認められないが、地域貢献に関わる事業に携わることで経験をしっかりと身につけてほしい」と発言していた。神戸市も生駒市と同様の制度を設けており、ＮＰＯ法人や地域自治会で報酬を得て活動している職員がいると聞いた。こうした活動は、今後何か新たな取組みを行う際、地域住民との人脈ネットワークを築くことに結びつく。また、事業を自分で立案し、実行する経験は、起業や独立を考える際に即戦力として役立つものになるだろう。市職員である私の友人も、若手グループを結成し農地の経営と、６次産業化の推進に関わる事業に携わっている。彼は行政マンとして、補助金を獲得するための申請業務を行うことで、メンバーの中で自分の強みを発揮している。

公務員としての職務経験を活かし、地域の発展に結びつく活動を行うことは、周りから認められやすく、かつ事業を行うスキルを総合的に身につけることができるのでオススメである。いきなりグループを結成する人脈はない人が多いと思うので、まずは地域に出て、様々な団体と関わることが必要だろう。私は市職員時代に石川県小松市が提供する生涯学習講座である「小松市民大学」において、コミュニティカフェを立ち上げる講座に参加していた。そこでは、現役で活動する団体の方々と関わる機会があり、地域住民と関わる中で、直接事業に携わるチャンスが多くあることに気づいた。いきなり市民団体や地域の事業者にアプローチすることが苦手な方は、地域貢献活動に密接に関わる生涯学習事業に積極的に参加することも効果的である。

7 公務員が実践できるYouTubeビジネス

2017年頃までは、ネットサーフィンというとブログなどのウェブサイトが主流であったが、2018年以降はYouTubeをはじめとした動画サイトを中心に閲覧する人が増えたと実感する。この時期からYouTubeのユーザー数は爆増した。もちろんビジネス参入者も増えたのだが、ブログと異なり動画コンテンツを作るという参入障壁があるので、まだまだブルーオーシャンと言える領域はたくさんある。

例えば、公務員試験対策ブログは既に数百サイト以上乱立している状況であるが、YouTube上で公務員試験対策を長期的に安定して配信しているチャンネルはせいぜい10個ぐらいしかない。だが、YouTubeで試験対策を検索する人は大勢存在し、年々増えている状況である。この需給ギャップがある状況を利用して、動画コンテンツを作ることで、一気に大勢のユーザーを取り込むことができる。

ネット上で何か媒体を作っておけば、公務員を辞めた時に収益化すれば良いし、そうでない場合も家族などに譲渡することで、安定的に収益を生み出す媒体となる。このように、自分の人生のリスクヘッジとして、日頃から集客できる媒体を作るうえでYouTubeは有効である。

ここで、YouTubeを始める際にまず重要なことは、テーマ選びである。配信できるネタなんてないと考える人が多いかもしれないが、書籍の項目で解説したとおり、公務員の業務経験は、他人にとって、欲しい情報の宝庫である。群馬県の玉村町では、若手職員2人が玉村町の魅力を紹介したり、地方公務員の業務に関するテーマを扱う動画を投稿することで、チャンネル登録者を5千人以上増やした事例がある。農林水産省では、職員の各々の得意分野を活かして次々と面白いアイディアを企画し、継続してコンテンツを投稿することで、登録者数を10万人以上に伸ばしている。また、元消防士の方が防災に特化したチャンネルを立ち上げて人気となっているものがある。元保育士が、保育士の実態や、子ども向けの動画を取り扱うチャンネルを立ち上げ、人気となっているものがある。ほかにも、元教師が、教師の苦労話などを上げているチャンネルが急速に成長している事例もある。

あなたが子育て関連の部署で実際にヤングケアラー支援をしている場合は、そういったテーマに特化して、福祉職の公務員に役立つコンテンツを作成しても良いだろう。また、市民課などの市民対応が多い部署にいる場合は、公務員向けのクレーム対応法を解説するコンテンツを作ると、特定の方々に需要があるだろう。企業誘致などを行っている場合は、対企業との交渉術をまとめた動画をアップしても良いと思う。こういった取組み一つひとつが、特定の人にとってはものすごく刺さるコンテンツになる。

✤YouTubeチャンネルを軌道に乗せるコツ ～テーマ選びが大事～

ＹｏｕＴｕｂｅは既にレッドオーシャンで、素人が参入することはできないという意見を多く耳にする。だが、それはエンタメ系やバラエティ系のＹｏｕＴｕｂｅｒに当てはまる話であり、教育系チャンネルや、特定分野の解説チャンネルなどは、まだまだライバルが少なく参入障壁が低い状況である。

あなたが車好きなら、車に特化してチャンネルを作ることがアリだろう。だが、車だけではライバルが多く勝てないので、さらにテーマを特化してチャンネルを作るなど、テーマを絞ることが重要である。ここで、テーマを絞りすぎて、そもそもニーズがないチャンネルにしないように注意してほしい。

例えば、就職活動の分野では、既に筆記試験や面接対策を解説する競合チャンネルがいくつもある。その就職活動というテーマでチャンネルを立ち上げても、競合チャンネルと真っ向勝負になってしまい、おそらくチャンネル登録者を集めることは難しいだろう。そこで、チャンネルを特化する必要がある。近年、公務員試験でＳＰＩ、ＳＣＯＡ、ＧＡＢ、社会人基礎試験などの筆記試験を導入する自治体が増えている。その試験の変化を踏まえ、公務員試験における筆記試験の最新の傾向を踏まえたチャンネルを作れば、すぐに人気が出る可能性が高まる。なぜなら、本書を執筆している段階では、需要があるにもかかわらず、求める情報を提供するチャンネルが少ないからである。

このように、日頃から仕事やプライベートを含め常に問題意識を持ち、需要があるにもかかわらず、誰も提供していない（ほとんど誰も提供していない）コンテンツを発案することで、簡単に人気が出るチャンネルを作ることができる。

社会は常に何らかの要因で変化し続けるので、需要も変動する。これまで注目されていなかった分野の需要が高まり（あるいは需要が新たに生まれ）、供給が間に合っていない状況は必ず生じるので（次図）、そのタイミングで参入することが適切である。

YouTubeから話がそれるが、これはビジネス全般に当てはまることである。同じような考えを書籍の項目でも説明した。余談であるが、私が過去にスマートフォンケース専門店を立ち上げ、開業2年目で年収700万円に到達した理由は、この世の中の変化を踏まえてすぐに参入したからである。iPhone4が登場し、一気にiPhoneが普及する中で、大手家電量販店や、雑貨店が扱うスマホケースは無個性なものばかりであった。そこで、iPhone防水ケースをいち早く仕入れ、ヤフーオークションで販売したところすぐに売れた。需要があると見込んだので、オンラインショップを立

需要が伸びているにもかかわらず、市場の供給が満たされるには時間がかかる

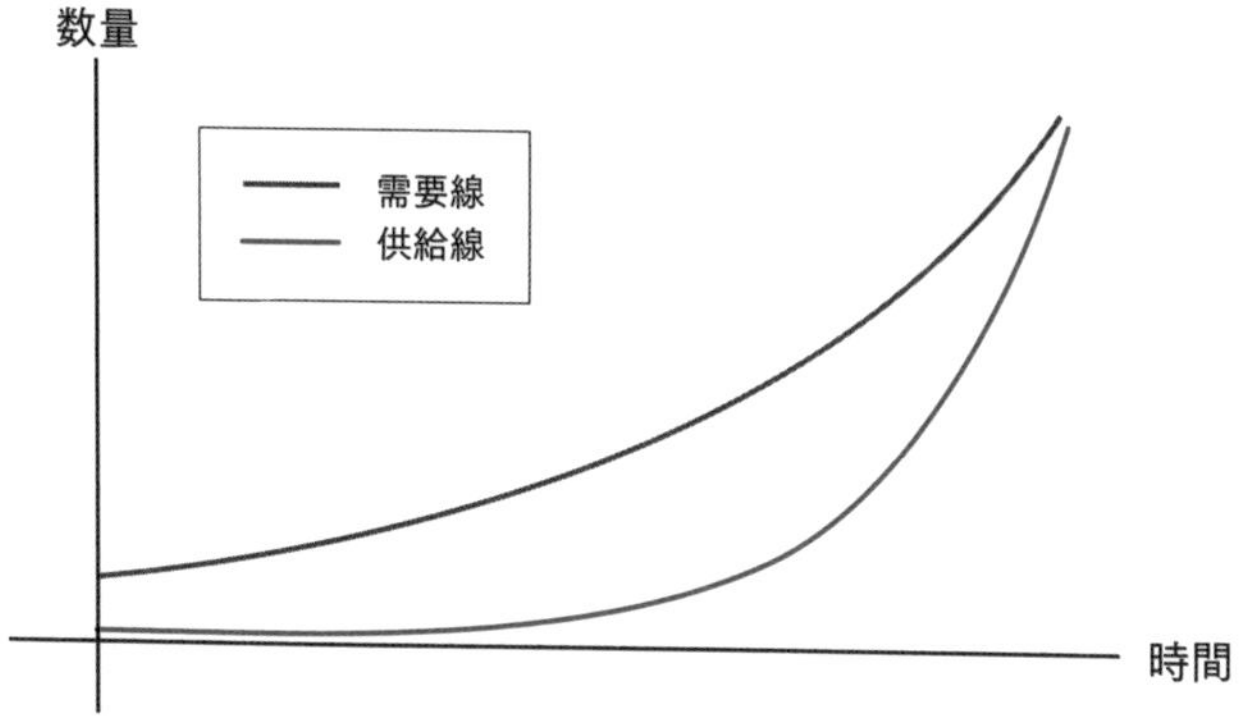

例：iPhone４が販売開始された時、爆発的に iPhone が普及するが、消費者が求める iPhone アプリの供給には時間がかかる

ち上げたところ、すぐに月商１００万円のショップになった。そこで、空き店舗を活用して実店舗を立ち上げたところ、北陸でも１日平均50人が訪れる人気店となった。

もちろん、新たに需要が高まっていると気づきを得ることができるのは、自分がある程度関心を持った分野である必要があるし、長期的にコンテンツを作るには、ある程度自分が興味を持てる分野でないといけない。

無理なく楽しく続けることが必要なので、自分が興味ある分野で、かつ需要があってライバルが少ない分野を発見できれば、すぐに取り組むべきである。

ＹｏｕＴｕｂｅチャンネルは顔出しなしで解説するコンテンンツを作ることはいくらでもできるし、実際に収益化しなければ、公務員の副業規定に抵触することもない。勤務している行政機関に依存している状況から脱却したいと考えている方や、長期的に自分で収益を上げられるコンテンツを作り上げたいと考えているなら、すぐに行動すべきである。また、ある程度の登録者が集まれば、経済的自由を得るだけでなく、様々な人との人脈形成に役立つことがある。

✤YouTubeチャンネルを運用するコツ6箇条

①ライバルチャンネルを調査し、ニーズを探る

テーマを決める段階で、既存の類似チャンネルにどの程度の登録者がいるか確かめる必要がある。例えば、公務員試験対策のジャンルだと国内市場規模を考慮するとチャンネル登録者は約3万人が限界である。アクアリウム飼育では10万人ほどである。類似チャンネルの登録者数が1万人に満たない場合は、かなりニッチな市場であり、再生数を大幅に増やすことはできない。あまりにニッチなテーマを攻めると、どれだけ戦略的に取り組んでも一向に登録者が伸びないので、気をつけることである。

②テストマーケティングは大事

あなたが特定のテーマを決めた場合、まずは動画を5本試しに作成して、市場の反応を見ることが

重要である。投稿して1か月経っても全ての動画の再生数が1桁～2桁で止まっている場合、視聴者にあまり刺さっていない可能性が高い。その場合はテーマを再考し、別テーマで新たにチャンネルを立ち上げても良いだろう。テーマ選びを間違えると、どれだけ努力しても報われないので、常にテストマーケティングで試行錯誤することが大切である。あなたが候補として上げているジャンルで人気となっている類似チャンネルのテーマと、社会情勢などによる需要・ニーズをとらえ、これが刺さると判断したテーマを常にテストマーケティングしてみて、確かめることが重要である。

③顔出しなしで、楽に投稿する方法を見つける

動画作成する際、最も手っ取り早いのは、顔出しして解説することだが、これは現職の方にはできないだろう。私は当初、静止画に音声を吹き込んだ動画を投稿していたが、正直に言うと、ライバルが少ない分野であれば、定期的にコマ割りして、画像変更するスライドに音声を加えて説明するだけでも良い。ただし、文字だけでは視聴者が退屈なので、手間をかけずにイラスト的素材も盛り込みたい。近年は、「Midjourney」などAIイラストを簡単に生成できるサービスがある。様々な状況に合わせた一枚絵を、絵を表現する文章や単語を打ち込むだけで簡単に生成できるので、それを動画のスライド絵として活用すべきである。さらに、「VOICEVOX」などテキスト読上げソフトウェアもあるので、自分が顔出し、声出しすることなく質の高い動画を作ることができる。

④長期的に続けることが重要

ネット上のコンテンツ発信は、何よりも長い視点で取り組むことが重要である。そのために選ぶテーマとして心がけることは、次のとおりである。

- 自分が好きで発信し続けられるもの
- 最終的に収益化できる見込みがあるもの、あるいは最終的に自分にとって大きなメリットがあると確信できるもの

私が長期的に取り組むことができたのは、収益化すれば利益が上げられるという確信を持てたからである。ある程度の公務員受験生が集まるチャンネルになっていたので、市職員を辞めた際、公務員指導塾を開業すれば、直接指導を受けたい方から対価が得られる確信があった。また、ＹｏｕＴｕｂｅの場合は広告収益を得ることもできる。ここで、ＹｏｕＴｕｂｅの広告収益は行政機関によって対応が分かれるのだが、テーマによっては認められることも十分考えられる。例えば、子育て支援、防災、地域振興など公務員として親和性があるテーマの場合は、堂々と副業申請して取り組むことができる。

「とにかく頑張る」ではなく、３か月での事業目標、１年後の事業目標を見据えて、ただ闇雲に取

り組むことなく、自分で収益化できるタイミングまで考えることでモチベーションを保つことができる。

⑤チャンネル登録者を増やす

チャンネル登録者を増やすコツだが、ＹｏｕＴｕｂｅでもブログでも、最低限のコンテンツが必要である。ブログの場合はＡ４・50枚以上、ＹｏｕＴｕｂｅの場合は動画30本である。

ここが一番の頑張りどころであり、ここで挫折する人が一番多い。需要があり、かつ供給者があまりいないテーマを決めて、テストマーケティングの結果が良ければ、そのテーマに関するコンテンツを頑張って投稿する必要がある。この時期は多くの人に見られないことも多いが、耐えどきである。自分の人生を変えるために、ひたすら役立つコンテンツを作り、評価されることを信じて取り組んでほしい。

私は市役所に通っていた時、日々の仕事から発信するコンテンツを決めて朝5時に起きて収録し、動画編集を行っていた。車で通勤中にノートパソコンで書き出し作業をして、完成した動画をポケットＷｉ－Ｆｉでアップロードする、という習慣を身につけて頑張っていた。

この時作ったコンテンツは、３年かけてどの動画も数万再生を超えて、私の事業を支える柱と言えるものになっている。あなたも数年後、やっていてよかったと確信することがあるので、頑張ってほしい。

⑥継続して人気チャンネルとなる意識

競争社会であるということを意識して、他チャンネルと差別化する戦略を組み立てる方法を紹介する。私が実践した考え方は、既存のビジネスモデルを壊すことである。当時、面接マニュアルは有料販売されているものが多かったが、私は出し惜しみなく自分のチャンネルで公務員試験対策のノウハウを全て公開することにした。

おそらく、短期視点で考えた場合、ある程度動画にアップして、肝心のノウハウ解説は有料販売というスタイルで進めたほうが利益は出たと思う。だが、多くのライバルが参入する中で、既存の方法では淘汰されてしまう。

私はこれまでいくつか事業を立ち上げてきたが、大きな資本力を持つものの前になす術なく敗北した経験がある。スマートフォンケースの販売を行った際、大手企業が同一商品を扱い価格で太刀打ちできなくなった事例などがそうである。だからこそ、常に危機感を持ち、既存のビジネスモデルに甘んじることなく、時には自分で自分のビジネスモデルを壊す勢いで、出し惜しみなく公開するという考えも重要である。そうすると、多くの人が集まり、さらに多くの情報が自分のもとに集まって、より優れたコンテンツを作ることができる。

✤人気コンテンツを築くことで、広告収入と関係なく、富と名声につながる

私自身がＹｏｕＴｕｂｅでの活動を続けていて驚いたことだが、動画コンテンツは、テキストや画像で伝えるブログよりも訴求力があり、多くのファンを作ることができる。結果として、思わぬところから仕事の依頼が掛かることがある。私は現役職員に役立つレベルのコンテンツを心がけて投稿し続けることで、公益財団法人日本青年会議所東海地区静岡ブロック協議会から、地域住民が行うべき子育て支援策を講演してほしいと依頼があった。青年会議所の担当者が、私が過去に投稿した「これから求められる子育て施策」紹介動画を視聴したことで、自治体の首長や大学教授ではなく、私に講演してほしいと考えたと聞いた。このように、あなたが何気なく当たり前と考えている知識が、人によっては驚くほど刺さるコンテンツになっていることがある。

私のチャンネルを通じて、公務員試験の受験生だけでなく、一部上場企業の担当者の目にとまり、自治体向けの営業戦略についてアドバイスが欲しいと依頼を受けることもあった。私が自治体向けの子育て支援策と連携できる事業について、適切な営業時期や、自治体職員が重視する点をアドバイスすることで、事業の改善に貢献する仕事を行うことにつながった。アドバイス料もいただくことができたので、思わぬところで仕事が成立することに驚いた。

このように、対外的に自分の知識を発信することで、将来的に様々な人脈ネットワークを築くことにつながり、思わぬ副収入を得ることができる。

だからこそ、「発信」は大事なのである。

第2章

転職編

本当に転職する必要があるのか

松村塾では、公務員から公務員へ転職する方を指導する機会がとても多い。受講者のうち公務員から公務員へ転職を希望する方が10人に1人はいる。現職の行政機関よりも大きな権限を持つ機関にキャリアアップを図りたい、あるいは結婚を機に別自治体へ転職したいという理由で、転職活動している公務員の方々が多い。

第2章では主に公務員の方々が転職活動に成功する秘訣を、当塾の指導ノウハウをもとに解説するのだが、その前に、公務員の方々を指導する中で、本当に転職すべきか改めて考える必要がある人が多くいることに気づいたので、転職する必要があるかというテーマを解説する。

まず、全く問題ない転職パターンは、大規模災害に被災し転居する場合や、結婚、介護など個人的に致し方ない事情によって転居する場合である。これは本人がしたいことが変わったなど本人の考えが変わった事情による理由ではなく、必然的に転居しないといけないので、転職しても問題ないだろう。国家公務員から地方公務員へ転職を希望する人も多く、特に女性の場合は結婚に伴い転勤がない職場を求めて市役所に転職を希望する人が一定数いる。この場合、誰が聞いても納得できる理由なので問題ない。

次に、待遇の改善やキャリアアップを図るために、現在勤めている行政機関よりも大規模な行政機関に転職したいパターンである。これも明確に自分のキャリアを活かして、もっと活躍したいという考えがあるので、その選択を否定する理由はない。実際、小規模な自治体よりも、県庁所在地の市役所や県庁のほうが、大学院に通い学ぶことができる環境や、研修制度が充実している傾向にあるし、より多くの人材とネットワークを築くことができる環境にある。また、過疎地を多く抱える一部の自治体は、財政に恵まれた自治体と比較すると、少人数で激務な部署を抱えている傾向があるので、ワークライフバランスを実現するために、体力ある行政機関に転職できる年齢のうちに転職しようとする考えは正しいと思う。

これまで述べた2つのパターンと異なり、転職すべきか十分考える必要があるのは、現職が辛くて、転職したいと考えているパターンである。本人が希望する行政機関に転職しても、実際に働いてみると思った環境ではなく不満を抱え、また転職しようと考える公務員も多い。だが、何度も公務員の転職を繰り返すと、経歴上、その人への信頼がなくなり、採用試験の難易度は極端に跳ね上がる。松村塾で指導してもあまり合格率が良くないタイプの人は、何度も公務員業種で転職を繰り返している経歴を持つ人である。この転職を繰り返す悪循環に陥ると取り返しがつかないことになるので、慎重に判断してほしい。

パワハラなど職場の人間関係に悩んでいる場合は、まず異動希望や病気休暇も検討してみるべきである。私自身も過酷な業務や人間関係に悩んで役所を退職することを考えた時期があったが、病気休暇を取得し、異動希望を出すことで、次に移った部署では驚くほど職場環境が改善した経験がある。周辺の自治体に転職しても待遇が大きく変わるわけではないし、人間関係に悩む可能性がある。また、遠方の自治体に転職した方が、結局家族の介護などの理由によって戻らざるを得ない状況になったという話も聞いた。とにかく別の行政機関に移れば劇的に改善すると考えている場合は危ないので、その危ない思考に陥っていないか冷静に考えてほしい。

公務員から民間へ転職を考えている方は、せっかく勝ち取った生涯安泰な身分である公務員を捨てることに葛藤していることが多い。私自身も公務員を退職し起業したので、この葛藤はあった。公務員から民間へ転職する場合は、大きく分けてさらに3つのパターンに分けられるので、どれに該当するかによってリスクが雲泥の差になることを考慮して決断してほしい。

① 公務員時代に携わった仕事に専門的に取り組むため、関連企業に転職する場合
② 公務員時代に培った人脈を活かして転職する場合
③ ゼロから転職する場合

①の場合は、既に取り組むべき仕事が確定しており、再就職後にミスマッチが生じる可能性は極端に低い。まちづくり事業に公務員の立場として携わり、まちづくり開発関連の公社の社員として転職する事例が挙げられる。②の場合も、既に関わりがある企業と話をしていて、具体的な仕事やポジションが用意されているので、自分が望むべきキャリアを築くことができると確信できる場合は、転職すべきだろう。

③はリスクを伴うので、挑戦するかどうかを決断しなければならない。本人の価値観の話になるが、安定を捨ててでも、一度きりの人生だから自分のやりたい仕事に挑戦したいという想いが強い場合は、決断しても良いと思う。なぜなら、私の経験上、やらなくて後悔するほうが、その後の幸福度に悪影響を及ぼすからである。だが、会社選びには慎重になるべきである。この会社選びを間違えてしまって、転職を繰り返すと、自分の転職市場の価値を著しく低下させてしまうからである。

1 公務員から公務員への転職を成功させるには

公務員から公務員への転職は、当塾の実績を踏まえると、民間から公務員へ転職する場合と比較して、勝算は高いと思われる。公務員として働いている以上、基本的な職務能力は問題ないとみなされるからである。だが、面接官からは、今も公務員として安定して働いている立ち位置にいるのに、なぜ転職したいのか徹底的に追及されるので、第一の関門は、転職理由である。

ここをうまく説明できないと、落ちてしまう。表面上はしっかり答えているように思えても、いざ面接を受けると面接官に疑われ、落ちてしまう展開が多い。場合によっては本音混じりの回答を伝えて、面接官を納得させることが必要である。転職理由と、自分の強みが志望先でどのように活かせるか明確にアピールする回答を定めることで、公務員から公務員への転職成功率を高めることができる。

では、公務員から公務員へ転職する際に心がけるべき重要ポイントを具体的にお教えする。合格できる人の共通点は次のとおりである。

①転職する理由が納得できるものになっている
②転職先の行政機関でどのように活躍できるか明確に説明できる
③転職先で具体的に何をしたいのか、明確なビジョンを持っている
④新たな職場で、自分の将来像を明確に描くことができる
⑤組織で働く協調性が備わっており、問題なく新たな組織に馴染むことができる
⑥転職するに当たり、現職場と揉める心配がない。現職場を退職する配慮ができている

これら6点について、順番に詳しく説明する。

①転職する理由が納得できるものになっている

新たな行政機関で働きたい論理的な理由が必要となる。ここの理由が曖昧だと、現職場に不満があって転職したいだけではないかと思われてしまうことになる。例えば、市役所から県庁に転職したい場合は、市役所の仕事を通して、単独の市町村ではなく、広域的に施策を展開できる県の立場に関わりたい理由を説明しなければならない。

②転職先の行政機関でどのように活躍できるか明確に説明できる

転職先の行政機関において、自分の経験（知識や実務能力）をどのように活かせるか明確に説明する必要がある。新卒の時とは異なり、努力家である、真面目であるといった曖昧なアピールだけではNG。例えば、産業振興・企業誘致に関わる仕事をしてきた場合は、その部署で培われた交渉力と、企業誘致において即戦力で活躍できることをアピールしなければならない。

③転職先で具体的に何をしたいのか、明確なビジョンを持っている

あえて別の行政機関に移って、何をしたいか明確に説明できることが必要である。②では自分の強みをどのように活かせるか説明できることが重要だと解説したが、それだけでは不十分である。なぜなら、面接ではさらに、「あえて転職する必要はあるか」と追及されるからである（例：市役所で企業誘致を担当しており、県庁でも企業誘致したいと述べた場合、②の視点を踏まえた回答になっているが、現職でもできるので、転職する必要性がないと判断される）。そこで、現職場ではなく、新たな転職先で具体的にしたいことを考えないといけない。例えば産業振興分野において、「特定地域だけでなく、県全体の企業誘致に携わることができる。さらに、県内企業へのUターン就職を促すために、東京事務所と連携して、大都市圏の方々に対して効果的なアピールを行う戦略も実行することができる。このように、県だからこそ、広域的な施策に携わることができる事業に取り組みたいと考え

たから」と説明する必要がある。

④新たな職場で、自分の将来像を明確に描くことができる

新たな職場で、自分がしたい仕事に携わりたいという視点だけでなく、将来的にどのような人材として成長したいのか、明確なビジョンを持つことも重要である。どの立ち位置まで昇格を考え、組織内でどのような人材として成長し、組織・社会に貢献するかという視点を持つことが必要である。例えば、「将来的には課長級の職員になり、自分に与えられた職務を遂行する力だけでなく、部署内の特定の職員に業務が偏ることがないように、全員が助け合える環境を築くマネジメント力も身につけ、県の発展を実現する政策を周りと連携して実行できる人材になりたい」といった考えである。

⑤組織で働く協調性が備わっており、問題なく新たな組織に馴染むことができる

現職場で人間関係などに悩んで転職したいのではないか疑われることがあるので、そうではないことをしっかり伝える必要がある。「現職が嫌になって辞めるのか」という質問だけでなく、「苦手な人と、その対応法は」「人間関係に悩んだことはあるか」「病気休暇の取得歴はあるか」「新たな組織に馴染むうえで心がけたいことは」といった質問を投げかけ、あなたの回答内容や言葉遣い、態度から評価するので、注意すること。

⑥転職するに当たり、現職場と揉める心配がない。現職場を退職する配慮ができている

公務員同士の場合は、あなたが所属する組織の人材を奪うことになるので、現職を問題なく辞められるのか問い詰められることが多い。特に、転職先の行政機関と関わる立場にいる方は、この項目を問い詰められる傾向にある。例えば、市役所から近隣の市役所に転職する場合は、採用側にとっても慎重にならざるを得ない。逆に、市役所から国家公務員への転職の場合、そこまで追及されない傾向にある。

以上、合格した人の共通点6つを紹介した。公務員間の転職を成功させるには、まずこれら6点を意識し、自分の回答を考察する必要がある。新卒の時と異なり、面接で聞かれる質問の難易度が上がるので、本項で述べたことを意識して対策を進めてほしい。本項では、公務員から公務員へ転職する際、どのパターンにも当てはまる共通点を主に記載したが、転職には様々なパターンがあり、具体的な攻略法が異なる箇所があるので、「**❸パターン別の攻略法と実例**」では転職パターンを分けて、具体的に攻略法を解説していく。

2 経験者枠に求められること

経験者枠を受験する場合は、「❶公務員から公務員への転職を成功させるには」で記載した重要ポイント６つのほかに、「マネジメント能力」が問われる。マネジメント能力とは、自分が所属する部署で職員の統率を行い、チーム全体で効率的に仕事を進められる管理能力のことである。

✤「マネジメント力」の実証

この能力はとても重要なので、次の４つに細分化して解説する。いずれか自分に当てはまっていることを見つけ出して、部下を指導する際に心がけていることを問われた際には、魅力的な回答ができるように考察してほしい。

①部下職員のスキルアップを促す指導ができる

当塾で社会人の方を指導していて、部下を指導する際に最も気をつけるべきことを聞くと、多くの受講生から「部下が困っている際に、素早く助けてあげます。すぐに助けてあげて、悩みを抱えないようにします」という回答が返ってくる。しかし、経験者枠では適切に部下をマネジメントする即戦力が求められるので、この回答だけでは不十分である。部下が行き詰まっている時にフォローする気配りができていることは重要だが、スキルアップを促す指導はそれだけではない。部下職員ができないからといって、なんでも仕事を引き受けたり、なんでも答えてしまうと部下が自分で頑張らなくなる。市職員時代の私の指導失敗例だが、ある工事に関する業務を進める際、新人が行き詰まっていたので、設計書や仕様書を用意してあげて、あとは新人が決裁を回すだけにした結果、その新人が自分で学ぼうとする意欲を削いでしまったことがある。

この工事案件の例では、本来は部下が行き詰まっている時、どこで困っているかヒヤリングしたうえで、優先順位をつけてスケジューリングできるように手助けしてあげて、設計書や仕様書を作成する際にわからない点があれば答えるという姿勢で、部下の成長する機会を奪わないように配慮する指導が必要である。

このように、実体験を用いて、具体的な持論を話すことができれば、経験者枠において評価される回答が出来上がる。

② 業務配分を適切に調整することができる

この能力は、特に係長級（35歳以上）の試験区分で求められる。行政機関で頻発する組織的な問題として、新人の職員に業務が集中していて、部署全体のパフォーマンスが低下している状況が挙げられる。新人の方は自分だけ仕事が多いと強く主張することが立場上できないので、その状況が続いてしまうと、新人が精神的に追い詰められ、病気休暇を取ってしまうという事態に陥ってしまう。このような状況を適切に調整することができれば、人的資源のロスを防ぎ、組織全体のパフォーマンスを高めることができる。

あなたが主査や課長補佐の立場として、課長が把握していない組織的な問題に対して改善すべきと提案し、業務配分を調整することで、こういった組織的な問題に対処した場合は、この経験を経験者枠でアピールすべきである。経験者枠では、「部下と上司の間で調整した経験はあるか」「チームワーク力を高めるために大切なことは」「組織において、重要視していることは」といった質問が来る可能性が高い。こういった質問に対して、ここで解説した考えを踏まえ組織の連携力を高める視点を答えると、魅力的な回答ができる。

③ 全体がチームとして連携する体制を築くことができる

自分が担当する部署の人数が多くなればなるほど、全体を統率する難易度が上がってしまう。その際、全員が連携して仕事ができるように創意工夫した経験があると、経験者枠でアピールできる。例えば、全体ミーティングを開催し全員の進捗状況を共有することで、特定職員に業務が集中している場合には他職員と連携するように指示することが挙げられる。

④部下との信頼関係を築く対応ができる

部下からの相談があった際には、手を止めて、必ず部下の目を見て真剣に聞き入る姿勢を徹底することが挙げられる。論理的に物事を進める能力だけでなく、人とのコミュニケーションにおいては、誠実な姿勢が大事である。上司として部下との信頼を築くことで、自分の指示に全体が従ってくれる環境を築くことができる。

✤社会人枠に求められる職務経歴書の作り方

既卒の方（職務経験がある方）を対象とした公務員試験を「社会人枠」と総称するが、この区分では自由様式で職務経歴書の提出を求められることがある。職務経歴書については、あまり多くの内容を記載することなく、A４用紙1～2枚で収まる分量で、面接官にとって読みやすくまとめる必要がある。

職務経歴書には、次の情報を盛り込むこと。

①これまでの職務経歴を簡潔に文章でまとめた「職務要約」を冒頭に記載する
②各会社（各行政機関）における【担当業務】【実績】【職位】【ポジション】の情報をまとめた「職務経歴」を記載する。ポジションとは、所属する部署内におけるあなたの立ち位置という意味である。
③自己ＰＲや志望理由を含む履歴書・エントリーシート、経験者論文がない場合は、職務経歴書の最後に自己ＰＲ、スキル、資格を記載する

職務経歴書の事例として、私が能美市役所在職時に、実際に国土交通省（総合職相当　社会人枠）に提出した書類を以下に紹介する。

職務経歴書

令和　年　月　日現在
氏名：

■職務要約

慶應義塾大学を卒業後、販売員として店舗運営を経験しました。その後、スマートフォングッズを専門に扱う店舗を開業しました。3年間店舗を経営した後、官民連携による地域振興に興味を持ち、能美市役所に入所しました。2年間企業誘致に携わり、産業団地造成と企業誘致を行いました。現在はふるさと納税の返礼品拡充を担当しております。

■職務経歴

□株式会社 PLANT　◆事業内容：スーパーセンターで生活必需品等の販売

期間	業務内容
平成23年3月から平成24年3月まで	川北店　園芸部門　配属 【担当業務】 ・園芸販売担当として接客・販売・在庫管理・発注業務 【実績】 ・業務効率向上のため、Visual C++ 言語を使用し、絨毯やカーペットの切り売り販売自動計算ソフトウェアを開発 【職位】川北店　園芸部門　販売員 【ポジション】園芸販売部門の管理。4名のアルバイト店員の指示、指導

□スマートフォンケース専門店カムズ（個人事業主として開業）

◆事業内容：スマートフォン関連グッズ販売、実店舗経営、オンラインショップ制作・運営。
石川県小松市の小松駅前で開業。平成25年8月に石川県金沢市にて金沢支店を開業。

期間	業務内容
平成24年3月から平成27年3月まで	【担当業務】 ・商品仕入れ交渉（取引先：海外企業、国内企業、伝統工芸品職人） ・国内・海外向けのウェブサイト制作 ・接客、売り場レイアウト作成、他店の動向、トレンド・売上の分析 ・SNS 発信による宣伝 【実績】 ・売上 1,000 万円、営業利益 700 万円を達成（平成26年分） ・運営ウェブサイト　1日閲覧数50万回達成 【職位・ポジション】 代表として店舗経営に携わる。従業員2名をマネジメント

□能美市役所
◆経験業務：企業誘致、空き家対策、ふるさと納税、シティプロモーション

期間	業務内容
平成 27 年 4 月 から 平成 29 年 3 月 まで	産業建設部商工課企業誘致推進室　配属 【担当業務】 ・土地区画整理事業による産業団地の造成、企業誘致活動 ・市内企業の工業用水供給業務 （工業用水の供給量不足時に、緊急給水業務等を担当） 【実績】 ・2ha 規模の産業団地造成完了 ・市外企業 1 社進出 【職位】主事 【ポジション】課長と私の 2 人で構成されたプロジェクトチーム
平成 29 年 4 月 から 平成 30 年 3 月 まで	企画振興部地域振興課　配属 【担当業務】 ・空き家の利活用推進、危険空き家の除却、定住促進 【実績】 ・空き家に係る適正管理条例を制定 ・危険空き家を 1 件除却し、ポケットパークを整備 【職位】主事 【ポジション】課長と主任、私の 3 人チーム
平成 30 年 4 月 から 現在まで	企画振興部市長戦略室　配属 【担当業務】 ・ 市内事業者に営業活動し、ふるさと納税返礼品の拡充を行う ・ ふるさと納税寄附金額向上のための戦略を企画 ・ シティプロモーション事業（市の認知度と魅力を高める事業）を推進 【実績】 ・ ふるさと納税寄附金額　前年度比 109.5％達成 （平成 29 年度と平成 30 年度を比較） ・ 能美市紹介動画　2 本企画・制作（男女が市に U ターンし、幸せになる漫画ストーリー動画）　※1 本はフジテレビから取材あり 【職位】主事 【ポジション】課長と私を含めた主事 2 人の合計 3 人チーム

3 パターン別の攻略法と実例

この項では、現在の組織と転職先の組織の規模関係等のパターンに分けて、攻略法や実際の回答例を挙げていく。

✤小組織から大組織へ（市町村から県庁・国、県庁から国）

このパターンが、当塾で最も多いと考える。市町村（特に規模の小さな自治体）では、予算規模や組織的な規模が小さく、大きなプロジェクトなどを推進する仕事ができないことから、県や国へ転職してキャリアアップを図りたいという方が一定数存在する。

県職員の場合、都道府県単位で取り組める業務に限界を感じて、自分のキャリアアップのために転職を考える人が多い。全ての地方自治体に影響を及ぼす広域的な施策立案に携わることができて、より権限ある立場として働ける国家総合職へ転職を考える人から相談を受けることもある。

面接では、以下に挙げる①～④の質問が頻出なので、それを念頭に置いて、エントリーシート対策や面接対策をしなければならない。

①なぜ現職から志望する行政機関に転職したいと考えたのか

転職理由は、面接官が必ず納得できる内容にしないといけない。県は規模の大きな仕事ができるからという曖昧な理由では面接試験を乗り切ることができない。だからこそ、公務員としての実体験に基づく理由を固める必要がある。なお、地方公務員から国家公務員を目指す場合は、そこまで志望理由を深掘りされない傾向があるが、地方公務員同士の転職（市町村から県）の場合は、志望理由をかなり追及されるので、覚悟しておくこと。面接官が納得できるように、市町村ではなく県でできることを整理したうえで本番に挑んでほしい。

過去に合格した方の志望理由

市町村から県の志望理由❶

私は企業誘致担当者として、多くの自治体職員と交流する機会がありました。自分の勤める自治体は県庁所在地に比較的近いことから、多くの企業進出を実現できていますが、一方で過疎化が進む半端部の自治体では、若手人材がいないことから、土地があっても企業誘致ができない状況を知りました。県内で自治体間の格差が広がっている状況では、持続的な発展はできないと考えたことから、県の立場から広域的に施策に取り組む必要性を実感し、県職員を志望しました。

市町村から県の志望理由❷

地元であるA県が抱える地域課題の解決に尽力し、市町村の枠にとどまらず、県全体の発展に向け貢献したいと考え志望しました。A県は独自の文化、豊かな自然、健康長寿といった他県にはない魅力的な資源があります。一方で、過疎化による人口減少、高齢化等の様々な社会課題に直面しています。県が持続的に発展するためには、県内各地の事業者や市町村の力を集めて共にチャレンジを行い新たな社会の価値を創出していく必要があります。私がこれまでの経験で鍛えた対人折衝力などを活かし、地域の課題解決に向けたビジネスモデルの創出を担っていきたいと考え志望しました。

市町村から県の志望理由❸

私がB県職員を志望するのは、広域的な視点から各地域の資源を活かし、市町村と連携することで県の発展に貢献したいと思ったからです。

私はB県C地域の市町村の担当者が集まり、C地域全体の活性化を図ることを目的とした研修会へD町代表として参加しました。各市町村の課題を共有する中で、B県は市町村を越えた連携が重要だと感じました。特に市町村の規模が小さい自治体が多いC地域では、各市町村が連携し広域的に様々な課題を乗り越える体制を築く必要があると実感しました。私は県職員として、各々の市町村との連携を促すことで大きな相乗効果を生み出す事業に携わり、県全体の持続的発展に貢献したいと思います。

県から国の志望理由（県から気象庁の転職理由）

線状降水帯の発生が多発化し、激甚化する災害から国民を守りたいと考え志望しました。県職員として防災業務に携わる中で、自然災害の脅威が増しており、災害発生時に自治体ができる範囲で住民の安心・安全を守ることが困難になっていると実感しました。そこで、気象庁の職員として人々の避難行動のトリガーとなる情報などを迅速に伝える体制作りに努めたいと考え志望しました。

②現職場には転職活動していることを伝えているのか

行政機関は、関係する他の機関との関係を悪化させたくない考えがあるので、この質問をすることがある。特に市町村から県庁の場合、県内の自治体と関わる機会が多いことから、この質問は頻出である。現職で周りの職員に伝えることができる場合は、周りに伝えていると言ったほうが好印象を得られるが、前もって転職活動していることを周りに伝えることが難しい場合は、無理に伝えなくても良い。また、面接では②に関連した質問として次の内容も聞かれるので、こちらも考えておくこと。

- 退職する場合は誰に相談するか
- どのように相談するのか
- 業務に支障はないか。引き継ぎはしっかりできるのか
- 引き継ぎはどのようにするのか
- 早い時期（10月）から県庁で働くことは可能か

これらの質問は共通して、現在勤めている職場を問題なく辞めることができるか確認する意図がある。内定が出た場合、現職場と揉めることなく計画的に、仕事の引き継ぎも円滑に進められるかを確認されるので、これらの質問も面接官が納得できるような回答を用意しておくこと。

③経験や能力をどのように活かせるか

中途採用で、改めて他の行政機関を受ける場合、現職の経験を踏まえどのような貢献ができるか具体的に伝える必要がある。あなたの経歴によってアピールするポイントは変わるので、いくつか実例

を紹介する。どのような職務経験を、どのようにアピールすべきか考えてほしい。

模範回答❶

【経験や能力を活かしてＡ県職員として取り組んでみたいこと】

私は、これまで市役所で経験した産業振興分野と教育委員会の経験を活かして、時代の変革に対応する人材育成環境を整備し、県内産業の一層の発展を実現する取組みを行いたいです。若い世代を中心にＩＣＴを活用した地域課題解決型プロジェクトに取り組むことができる環境を作ることで、郷土愛の醸成とＩＣＴを活用した課題解決力の向上を図り、企業が求めるＤＸ人材を増やすだけでなく、若い世代の県内定着を促し、県内産業の発展を実現したいです。

模範回答❷（ＥＳ６００文字での回答）

【自分の持っている強み（能力や経歴）は何か。それを県庁でどう活かせるか】

私の強みは、適切に戦略を組み立て、関係者との調整を円滑に進めることで目標達成できる事業推進力である。私は市職員として、コロナ禍における地域の影響を最小限に抑えるために、事業者支援に尽力した。具体的には、コロナ禍により地域を支援しようとする動きが活発化し全国的に寄付額が増加傾向にあったので、私はふるさと納税の返礼品を充実させるために、地域の事業者に対して同制度への参加を呼びかけた。しかし、一部の事業者からはメリットが見出せないと反対を受けたので、実際に同制度に参加して売上げを向上することができた複数の事業者に協力していただいて、事業者向けの説明会を開催することにした。市職員だけでなく、事業者側のメリット・デメリットの本音を語ってもらうことで、同制度に参加する事業者を増やすことができた。

また、同制度について理解していただけない事業者に対しては、粘り強く何度も足を運び、日常会話から心理的距離を縮めることで信頼関係を築き、私の話を聞いてくれるようになった段階で同制度の説明を行うことで、参加事業者を増やすことができた。これらの取組みにより、返礼品の数は前年度の２倍に増え、寄付額も前年比１５０％を達成した。

今後、社会が抱える課題が複雑化する中で、県職員は様々な地域のニーズに応えなければならない。私はこの強みを活かし、課題に対して多角的視点で解決策を見出し、粘り強く取り組むことができる。

私が国土交通省（総合職相当　社会人枠）に提出した実例❶

【これまでの職務経験でチャレンジしたこと及びその結果】

私はこれまで地方の経済を活性化するために仕事に励んできた。その中で、産業団地を造成し、企業を誘致するチャレンジを行った。上司と私の２人が市の企業誘致専門チームに配属され、土地区画整理事業による産業団地造成と企業誘致活動を同時に行った。

産業団地は、企業の進出意欲が高いうちに早急に造成完了する必要があった。そのため、土木業務経験がなくても、膨大な設計書や事業に関連する資料を理解し、早く処理しなければならなかった。そこで、規模が小さい工事を実際に積算し、設計書の基礎を覚える努力を行った。また、土地区画整理事業の全体像を把握することに努め、今処理しなければならない資料を自分で考えて仕事を進めた。

産業団地の事業認可を得るまでに、最も苦労したことは、農業を営む住民により構成される生産組合の同意を得ることであった。何度も組合長の自宅を訪問し、農業用水の水質を悪化させない企業を誘致することを説明した。組合長に、地域の未来のことを考えて、産業団地造成に同意してほしい考えを粘り強く伝えた結果、同意を得ることができた。また、消防との協議では、消火栓と防火水槽の計画で交渉が難航した。消防側の要求どおりそれらの設備を設置すると、分譲地面積が減少する問題を抱えていた。そこで、コンサルタント業者や、他の職員と協議を重ねたうえで新たな説明資料を作成し、再度交渉することにした。消防の担当者に、水道管の布設場所が限られており、消火栓の設置箇所が限定されることを示した資料と、新たに造成する公園に地下式防火水槽を設置する代替案を説明した結果、同意を得ることができた。

企業誘致活動では、企業と協議した内容をすぐ市長に伝える必要があったので、迅速に、かつ簡潔でわかりやすい協議録を作る努力をした。様々な業界の知識を、書籍やメディアから学習し、上司の指導も受けて100社以上の企業協議録を作ることで、2時間に及ぶ企業との協議をまとめることができるようになった。

造成工事では、他部署の職員と協力し、現場監督として工事業者や周辺企業の調整を行った。1年間に及ぶ造成工事が完了した後、1社から進出を表明していただいた。企業の要求に応え、多くの関係者や関係機関と、2億円規模の土木工事を調整する仕事をやり遂げたことを評価され、私は自分が勤める市の人事評価において、二期連続で最高評価をいただいた。この業務を通して、行政が企業誘致できる環境を整え、進出企業が操業を開始し、地域経済が活性化する様子を目の当たりにしたことで、地方を活性化するには、官民の協力が不可欠であることを学んだ。

私が国土交通省(総合職相当　社会人枠)に提出した実例❷

【チャレンジ経験と自分の専門性を踏まえ、国土交通省職員として貢献できること】

私は地方を活性化するために、地方の実情を考慮し、企業等と連携して地域振興策を実施してきた実績がある。これまでの経歴とその専門性を踏まえ、貴省では地域資源を活用したまちづくりの支援や、民間資金や民間のノウハウを活かしたPPP・PFI案件等の形成に取り組みたい。

また、それらの取組みを推進するために、行政機関や企業等に対して、貴省が持つ支援メニューや成功事例、新制度利用のノウハウを周知する支援活動を行う必要があると考える。なぜなら、現在、私は市の企画部門で働いているが、他の行政機関と交流する機会が少なく、国等の支援メニューやノウハウを知る機会が少ない状況を改善する必要があると感じているからである。貴省が持つ支援メニュー等の周知を図ることで、支援制度等に対して、より多くの行政機関や企業等から質の高い提案が集まり、その制度等を活用した成功事例を増やすことができると考える。私は貴省の支援メニューや活動等の周知を図るために次に挙げる３つのことを実行し、貴省に貢献したい。

第一に、多くの企業と交渉してきた経験を活かして、日頃から企業や行政機関等と積極的に情報交換し、貴省が持つ支援メニューや成功事例、新制度利用のノウハウ共有化を図ることである。

第二に、効果的な広報活動を実行し、貴省の支援メニュー等を活用した成功事例を発信することである。若手の職員はウェブサイトよりもＳＮＳや動画を閲覧する時間が多い傾向にあるので、ＳＮＳと動画を活用して、読み手を引き込む見せ方で情報発信することで、貴省の活動を知る機会を増やすことができると考える。ウェブサイト上で集客する工夫を行うことにより、事業を拡大してきた経験を活かし、伝えるべきターゲットに、効果的に情報発信できる広報戦略を立案し、実行することで、貴省の支援活動等の周知を図りたい。

第三に、地方公共団体や企業等が、支援制度の情報交換や、制度利用のノウハウ共有を行う活動に対する支援を拡充することである。多くの関係機関を調整した経験を活かし、PPP／PFI地域プラットフォーム等の取組みを支援することで、国と地方公共団体や企業等が活発に交流し、持続的に成長可能な事業を企画できる環境づくりを推進したい。

「国土交通省の営業マン」としての意識を持ち、貴省と他行政機関や企業等との連携を一層推進し、日本全体の活力を底上げするために、全力で業務に励む所存である。

④小組織から大組織へ転職する場合に聞かれる頻出質問まとめ

市町村から県の場合に聞かれる質問

- 最初から県庁を受けなかったのはなぜか
- 市町村から見て県の組織はこうなったら良いと思うところは？
- あなたにとっての成長の軸は何か
- 現職でもその成長の軸はあると思うが
- 期待されている部分もあると思うが県に転職していいのか
- 家族にはどう説明しているか
- 全県が職域に入るが支障ないか

- 現職の町は腰掛けか
- 国を受ける選択肢はないのか
- 現職でやり残したことはないのか
- 地域でも活躍しているのになぜ県を志望するのか
- 県職員として町と関わることも多いが問題はないか
- 県でできて町でできないことはないのではないか
- 広域的に取り組むだけであれば市町村同士の広域連携で力を発揮すればいいのでは？
- なぜＡ市に入庁したのか
- なぜＡ市をたった1年で辞めてＢ県に転職したいと考えたのか
- もしＢ県に合格してＡ市を３月に辞める場合、職場の誰からまず伝えるか
- 辞めるとなった場合、職場の人はどう言うと思うか
- Ｂ県を受験することは職場の誰かに伝えているか
- なぜ当初はＢ県を受けなかったのか
- わざわざ市役所を辞めて県に行きたいのは、何か理由があるのか
- Ａ市に合格した年は、ほかに受けていた市町村はあるか
- あなたは自分の経験を活かして産業振興したいと言っているが、例えば福祉分野だとどのよ

うに活かせるか

- たった1年A市に勤めた経験で、B県に活かせると言えるか（A市の知識が活かせると答えた内容を踏まえて）
- あなたが考えるB県の強みと弱みは何か
- もしB県に合格した場合、A市にはいつ辞めると伝えるつもりか

市町村・県から国（総合職 事務区分）の場合に聞かれる質問

- 家族の同意は得ているのか。転居するのか単身赴任するのか
- 法律を制定・改定する業務に関わることがあるが問題ないか
- 現在の職務内容
- 現職場の首長はどんな人か
- 希望する省庁が行っている施策で興味あるものは何か
- 国家を担う人材として、どのような志を持って働きたいか
- ストレス耐性は問題ないか
- 休職などの履歴はあるか
- 特に取り組みたい仕事は？

- これまでの転職理由
- 現職の行政機関に入った理由

✤大組織から小組織へ（国・県庁から市町村、国から県庁）

これは「小組織から大組織へ」と比較し少数派だが、国や県庁から市役所へ転職したい方も一定数いる。市役所から県庁のパターンと同様に、転職理由について追及される傾向にあるが、特に市町村の場合は、住民と接することによるクレーム対応が問題ないか聞かれることが多い。前項と同様に、次の質問を対策する必要がある。

①なぜ現職から志望する行政機関に転職したいと考えたのか

大組織から小組織に転職する場合、その地域に貢献したいという考えを軸にまとめることになる。例えば、国から県の場合は、県内の事業者や県民と協力し、その地域の発展を担う仕事に取り組みたいという考えを軸に志望理由を考察する必要がある。県から市町村の場合は、地域に密接に関わる基礎自治体である市役所の役割に魅力を感じたことなどの理由を軸に固める必要がある。

志望理由の模範解答

県から市役所の志望理由

私はA市で生まれ育ち、これまでこの地域で多くの活動に参加してきました。就職を機にA市を離れましたが、帰省した際に、多くの市民活動が活発に行われ、地域の課題を解決し、この街の魅力を高めていこうとする市民と関わる中で、次第に、私自身も市職員として、この街が多くの世代から選ばれ続ける街となるように、この地域の住民と協力して尽力したいと考えたので志望しました。

国から市役所の志望理由

私は災害に強いA市を市民と協力して実現したいと考え志望しました。市の災害ボランティアに参加したことがきっかけで、災害ボランティア団体の方々と長期間交流する中で、激甚化する災害から市民を守るには、共助の体制が最も重要だと実感しました。市民と行政が協力し、コミュニティの結束力を高め、防災面を含め様々な課題に対処する街を実現するために、市職員としてA市に貢献したいと考えております。

国から県の志望理由

国籍問わず、誰もが活躍できるＡ県を実現したいと考え志望しました。現職の国際協力業務を通じて、外国人住民が地域に受け入れられて、地域の担い手として活躍し、さらに様々な企業で活躍できる環境を築く必要性を実感しました。Ａ県では、外国人を含め、あらゆる立場の方が活躍できる共生社会を実現するため、先進的な取組みが数多く実施されております。そのＡ県の施策方針に共感したことから、私の経験を活かし、さらなる共生社会の実現に向けて尽力したいと考えました。

②経験や能力をどのように活かせるか

国家公務員から地方公務員を目指す場合、まず地方公務員の仕事を正確に理解する必要がある。国家と異なり、地方公務員は経験する業務が幅広いため、自分の経験がどのように活かせるか具体的にイメージすることが難しい。だが、ここを具体的に考えていないと面接で魅力的なアピールができない。そこで、地方自治体のウェブサイトを参照し、必ず次の項目に順番に目を通してから、志望する行政機関の業務と事業を理解したうえで回答案を作成してほしい。

- 予算編成方針、施策方針
- 総合戦略（概要から読むこと）
- 総合計画（概要から読むこと）
- 特に興味ある分野の事業を掲載した個別ページ

国から市役所の自己ＰＲ例

私は一人ひとりと誠実に向き合い、対応することで、困難な案件を解決する力を身につけました。現職では、主に法律や契約トラブルに関する相談対応を行っています。多くの事業者からの問合せに迅速に対応するために、上司をはじめ周囲の職員との連携を心がけてきました。また、相談者の主張に耳を傾け、誠実に向き合う姿勢を徹底した結果、多くの相談者から感謝の言葉をいただくことができました。この経験を活かし、論理的に物事を解決するために取り組むだけでなく、相手の想いを汲み取り、対応することで調整ごとを円滑に進めることができます。

国から県の自己ＰＲ例

【アピールシート課題　あなたのこれまでの経験の中で身につけた知識や能力は何か。それを県政のどのような分野において、どのように活かすことができるかということについて、１０００

字（空白欄含む）以内で具体的に述べなさい。】

私は次に掲げる能力と経験を活かし、教育施策を展開することで、多くの人から選ばれ続けるA県の実現に向け貢献することができると考える。

第一に、多くの方々を調整し意見をまとめることができる調整力である。B省において、私は施策の方向性について、大学などの専門知識を持つ有識者や、他省庁、国会議員などの関係者の意見をまとめる職務に従事していた。その際に心がけてきたことは、各関係者の主張を聞く中で、各々の主張の本質を見極め、妥協できない点を正確に理解し、全員ができる限り納得できる案に落とし込むことである。この考えを徹底し、大勢が納得する施策案をまとめ上げることができた。また、あらゆる関係者と日頃から信頼関係を築くことも心がけ、相手から依頼されたことには迅速に応え、お互いに助け合うことで、お互いが協力的に譲歩する体制も築き上げることができた。

第二に、現場目線の企画力である。様々な施策を展開していくうえで、統計データだけでは見出せないニーズ・課題は必ず現場にあることから、様々な事業の対象となる方々に対して、きめ細かなヒヤリングや、交流する機会に積極的に出向いて情報交換することを心がけてきた。その際、こちらが考えている取組みを相手にとってわかりやすく伝えたうえで、相手の意見を踏まえ議論を建設的に進めることで、自分だけでは思いつかないアイディアを次々と考案することができた。この取組みに加え、B省で教育分野の法律などの知識を身につけ、私は多角的な視点で施策を立案する力を培ってきた。

以上の能力と経験を踏まえ、私はA県の実情と社会情勢の変化を踏まえ、適切に立案し、様々な関係者と連携を図ることで、教育の観点からA県の発展を実現する施策を推進していくことができると考える。近年は、起業家精神を醸成する教育に力を入れる方針を国が掲げていることから、様々な国の支援策を活用し、県内企業と若い世代の連携を活発化することで、グローバルに活躍できる主体性を育み、郷土愛を醸成することで、A県の強力な担い手としてUターンし活躍してもらう機運を高めることができると考える。

私はこれらの取組みに尽力し、A県の一層の発展を実現することで人口減少時代における持続的発展を実現したいと考える。

③大組織から小組織へ転職する場合に聞かれる頻出質問まとめ（国から市の例）

- やりたいことを行ううえでなぜ当市でなければいけないのか
- いつ頃から転職を考え始めたか
- 社会人枠としてどう新しい風を吹かせられるか
- あなたの一番の武器は？
- これまで異動を結構しているが、新しい環境に適応するのは苦労したか

- 新しい部署に配属になって人間関係を築く際に心がけていることは？
- 後輩に対して指導する際に、心がけていることはあるか
- 面接カードの『自分らしさ』はどんな場面で発揮できるか。エピソードも交えて
- 定年65歳までの30年間、どんな職員になっていきたいか
- 転職活動は職場の誰に話しているか
- 仮に内定を出した際に、上司には何と伝えるのか

✤その他特殊なパターンの転職攻略法

①同規模・同業種の組織への転職（市から市、県から県）

転職理由で最も苦労するのは、このパターンである。結婚などの致し方ない理由で転居を伴う場合は問題ないが、そうでない場合は転職理由について最も追及される傾向がある。特に、現職が市役所で、近隣の市町村を受ける場合には、面接官を納得させる理由を作る難易度が高まる。なぜなら、転職する必要性が見出せないからである。家族都合での転居が理由として使える場合は、それを用いることも一つの戦略である。そうした理由が作れない場合は、自分がその町に転居する理由を作っても

良い。ここで注意してほしいのは、真っ赤な嘘はつかないことである。例えば、結婚をする予定が全くないのに結婚を理由とした転居を挙げるのは、バレてしまうリスクが高い。

結婚などの転居理由が使えない場合は、志望する自治体と現在勤めている自治体の違い（規模、立地環境、地域資源、施策方針）を踏まえて、勤務先を変えたい理由を作ることが必要である。10万人規模の都市から県庁所在地の市役所に転職する場合は、県庁所在地の都市だからこそ多くの事業者を巻き込むことができる強みや、その地域だからこそできる事業を考察し、その自治体で生涯尽力したい想いを伝えなければならない。実際に志望自治体の地域活動に参加して感じた魅力も、その地域を志望する理由として使うことができる。

② 異職種の転職（市役所【事務】から市役所【福祉】など）

行政機関を変えるだけでなく、事務職から専門職種へ変更し転職することを希望する人もごく少数だが存在する。例えば、専門資格を持っているが、新卒時に事務職として入庁し、社会人経験を経て、専門職として再チャレンジしたいパターンが当てはまる。この場合は、既卒なので、資格だけでなく、専門職としての実務経験があるほうが有利である。実際に、市役所（事務）から市役所（福祉）の会計年度任用職員に就職し、経歴を積み重ねたうえで、市役所（福祉）の採用試験に合格した事例がある。年数を伴うことになり忍耐力を要するが、実務経験を積み重ねると、経歴を見ても専門職に差し支えないものとして判断される可能性が高まる。

市役所【事務】から市役所【福祉】の合格者の志望理由

前職では、事務職として高齢者支援に関わる仕事に携わってきました。高齢者を取り巻く課題は複雑であり、福祉分野へ専任的に関わりたいという想いが強くなりました。そこで、福祉職の公務員を目指すことにしました。Ａ市は自分にとっての故郷と言える自治体であり、実際に会計年度任用職員として働く中で、他職員の熱意を持って働く姿勢に感銘を受け志望するに至りました。

市役所【事務】から市役所【福祉】の質問例

- なぜ、会計年度職員に就いたのか
- 今の職場はどうか
- 職員から言われて一番印象に残っていることは何か
- 窓口対応をしていて一番大変だったことは？
- 学生時代に一番力を入れたことは何か
- 知的障がい者の方と接するうえで気をつけていたことは何か

・具体的なエピソードはあるか
・障がい者の支援ボランティアでうまくいかなかったことは何か
・粘り強く頑張った経験はあるか
・窓口で対応されているとのことだが、自分の課では対応できない内容だったらどうするか
・福祉職として働くうえで一番大事なことは何か
・相手の立場に立って説明しても納得してくれない人がいたらどうするか
・それでも納得してくれなかったら？
・苦手な上司がいたらどうするか
・パートナーを組むなら、どんな人が良いか
・理想の上司とは？
・5年後どういう職員になりたいか

COLUMN

退職の伝え方、伝えるタイミング

松村塾では、転職活動を開始した段階で周りに伝えるべきか迷っているという相談を多く受ける。なぜなら、公務員試験の面接で「現職場には転職活動を始めていることを伝えたか」と質問されることがあり、また現職場に迷惑もかけたくないので、早めに伝えたいと考える人が多いからである。結論から言うと、転職開始時に伝えるべきかどうかは職場環境と本人の意思による。転職活動を始めたと伝えて、周りの関係が悪化しそうな場合は、次の転職先が決まるまで周りには言わないほうが良い。周りとの関係が悪化することがなく、既に新たな職場に転職したいという強い意志がある場合は、現職場に伝えても良いだろう。

引き留めに遭うことも考えられるが、転職先でないと自己実現できないことや、個人的に致し方ない事情を伝え、現職場と揉めることがないように配慮してほしい。公務員の世界は意外と狭いので、またどこかで関わる機会がある可能性が高いからである。特にあなたが地方公務員の場合、さらに規模の大きな行政機関に転職が決まった際には、元職場と連携する場面が考えられるので、新たな職場で築いた人脈を活かして、現職場の自治体に貢献する意思を伝え、良好な関係性を保つべきだろう。

1 民間へ転職する際に心がけるべきこと

民間企業へ転職する場合、特定の会社に依存することなく、転職市場で優位に立つキャリアを歩むことができるように人生設計すべきである。つまり、手に職をつけられる仕事に就くことが望ましい。

実際に多くの公務員経験者はこの考えを実践しており、公務員からＩＴ業へ転職した方は意外と多い。ＩＴ関連スキルは、自分でコンテンツや事業を立ち上げる際に即戦力として役立つからである。激務の部署でなければ、十分プライベートの時間を確保できるので、自分が転職したい業界が決まった場合、それに応じた資格取得のために勉強することをお勧めする。

私は市役所に勤めて3年目の時、法律を取り扱う仕事が面白いことに気づき、司法書士の資格取得に向けて勉強していた時期があった。公務員として安定した立場ではあったが、これからも安泰とは限らないので、他者とは違うスキルを身につけるために勉強することにした。結果的に試験があまりにも難しく断念したのだが、こうやって少しずつ行動する中で、自分の適性を判断し、今後どの進路を歩むべきかキャリアを設計してきた。

2 転職活動前に、転職に結びつく行動を心がける

転職活動と言えば、エージェントを使って会社紹介してもらうことや、中途採用試験を受けることをイメージするだろうが、公務員として働いている期間に、多くの事業者と交流する機会を増やして、人脈を築くことも有効である。

行政機関はあらゆる業界において大口発注者となる可能性があり、民間企業の方々にとって、公務員とコネクションを築くことは大きなメリットがある。その立場を活用して、事業者と交流するイベントなどに積極的に出向いてネットワークを築く中で、思わぬお誘いを受ける可能性がある。こういった直接的なお誘いは、明確なポジションを用意してくれる場合が多く、採用後にミスマッチが生じる可能性が少ない。当塾の受講者の中には、公務員から民間に転職し、改めて公務員を目指す方がいる。こういったパターンに当てはまる方は、採用後に自分が希望する仕事ができなくて、望むキャリア形成ができないので諦めて公務員に戻ることにした理由であることが多い。だからこそ、前もって自分が望むべき業界の人と公務員であるうちに関わり、人脈を作っておくと良いだろう。ただし、その業界の人たちと有益な情報交換ができる知識を身につけておく努力を行ってほしい。

3 民間企業で役立てることができる公務員の経験

民間企業で役立つ公務員の経験は、意外とある。例えば、自治体への営業活動である。自分自身が公務員の立場であったからこそ、行政機関が何を重視して営業提案を聞くのか、いつの時期に営業を行うことが効果的なのか把握することができる。

それだけでなく、補助金申請などの業務にも活かすことができる。小規模な会社の場合、補助金申請などを行う専門的人材が不足しているので、公務員時代の経験を活かして、行政機関の申請業務を行うことができる。ほかにも法令を読み込んだうえで、様々な仕事に役立てることができる。

私は、市役所を退職した後、特定の企業に就職したわけではないが、各企業に対してアドバイスを行う機会はあった。多くの民間企業は、行政機関と連携した事業を推進したいニーズを抱えているが、どのように営業していくべきか、道筋を立てられない悩みを抱えている状況であった。そこで、予算額が少なく済むという視点だけでなく、多少予算がかかっても、多くの効果が得られる視点で企画書を構築することや、他自治体の導入事例を訴求することで、行政機関の担当者に刺さる内容とするようアドバイスを行った。また、次年度の事業を企画立案する時期（8月～10月）に重点的に営業を行うことや、ふるさと納税を利用して寄附する人が年末にピークを迎えることから、ウェブ広告などを用いた宣伝営業を秋から冬（10月〜11月）の時期に行うことを提案し、アドバイスした企業の成果を挙げることができた。自分だからこそ、その会社で何ができるかアピールする際に参考にしてほしい。

4

民間への転職の実例

私自身がいくつもの事業を開業してきた経験があるので、松村塾では学生・社会人を対象にビジネスに関するアドバイスを行っている。その活動を行う関係で、公務員から民間へ転職した方も大勢見てきた。このパターンの経歴を持つ方で成功している共通点は、「転職後のビジョンが明確である」ことである。

代表例は、飲食業界に転職して成功した方である。彼はある役場に数年勤めていたのだが、その間に地域で築いてきたネットワークを活かし、その地域の優良空き家物件を活用して、飲食店を開業することを目標にしていた。そのために、役場を辞めて、数年間飲食業界で働いた後、押さえていた空き家物件を様々な支援制度を利用し、改修して開業したという事例である。

この事例のように、「公務員時代のスキルやネットワーク」と「民間時代に培ってきたスキル」を組み合わせて、自分にしかできないビジネス形態を最終的に構築するビジョンが明確だと、成功率はかなり高まる。一方で、とにかく民間で何かスキルを磨きたいと、興味ある業界を見て、興味ある会社を受けるだけだと、ちょっとした失敗で挫折し、また公務員に戻ろうとする方が多い。民間に移る以上は競争社会で自分にしかない武器を磨き上げ、戦略的に勝ち抜いていく思考がとても重要であり、最終的に転職して自分はどうなりたいかというビジョンを明確に持ってほしい。「空き家関連の部署で働いてきたので、不動産業界で何か空き家ビジネスを始めたい」と考えた方や、「役場での仕事ができるので、イベント業界で頑張りたい」という曖昧なビジョンを持った方は、その道を進んだ先に自分はどうなりたいかという考えが曖昧で、実際に挫折し、公務員へ戻っている人が多いと感じる。

5 民間企業でも活かせる公務員が取得しやすい資格

実務経験と資格があると、転職市場でアピールできる大きな武器となる。資格を取っただけでは転職市場においては魅力が不十分であり、実務経験が伴って初めて真価を発揮すると考えている。そこで、この項目では、公務員の業務経験と、民間企業で活かせる資格を紹介する。

第一に、行政手続きに関する資格である。具体的には、行政書士、司法書士が挙げられる。公務員は、法律や条例に触れる仕事が多く、実際に様々な制度を運用する仕事が多い。その実務経験と、これらの資格は親和性があり、公務員時代の経験と資格を合わせることで、十分アピールできる強みとなるだろう。また、補助金制度を利用できるスキルを持つ人材も民間企業では一定のニーズがあり、社会保険労務士を取得し、様々な制度を利用できる強みをアピールすることもできるだろう。税務関連の行政機関や部署経験がある方は、税理士を取得すると大きな武器になるし、公営企業の経理業務を担っている方は簿記を取得すると、関連する業界で評価される。情報関連の部署経験が長い方は、情報関連の資格を取得することで、ＩＴ業界への転職も有利に進めることができる。

ただし、自分が経験した業務と全く関係ない業界へ転職したい場合（例えば税務関連の部署にいた市職員がIT業界に転職を志望するパターン）は、実務経験がなくても関連する資格があれば、ある程度転職市場では評価される。どの業界を志望するかによって、取得すべき資格はもちろん異なるが、この項目で説明した内容を踏まえて、転職したい業界を定めて戦略的に実務経験と組み合わせて資格をアピールできるものを取得すると良いだろう。

第3章

独立編

1 自己成長の大切さを忘れないこと

起業する際、これだけは絶対に忘れてはいけないことがある。それは、自己成長に結びついて、かつ他人に感謝されるビジネスに取り組むことである。そうでない性質のビジネスは、一過性で稼ぐことができても、その後稼げなくなるどころか、人生における損失が大きく、取り返しがつかないことになるからである。

私がこれまで指導した中で、唯一お手上げだった事例が、元パチプロ専門家の方である。彼が公務員になりたいという熱意は本物だったのだが、パチプロ生活をしていた約8年間、転職市場でアピールするものを何も得ていない期間になってしまった。アルバイトなども並行していたので、それで経歴を埋めることができても、面接官に怪しまれてしまって結果がダメだった。本来、その8年間を自己成長できる環境で業務に専念していた場合、組織内における部下のマネジメント力などが身についていたはずである。だが、彼はその期間を全てパチプロに費やしていたので、その間の月収はものすごい額だったそうだが、その稼ぐ手段が途絶えてしまった時、自分が進むことができる進路の選択肢が限られてしまった。また、世間から見て、人から感謝される真っ当な仕事をしていたのかという点でアピールできるエピソードがないので、面接で話せるネタもない状況だった。結果、望まない仕事に就職せざるを得ない状況に追い込まれた。このように、自己成長に結びつくもので、かつ他人に感謝される商売なのかという視点は、あなたの付加価値を高めるうえでとても大事である。

これは、転職だけでなく、起業にも当てはまる。あなたが起業を志したとき、周りから様々なお誘いを受ける機会があると思う。だが、そのお誘いがあったビジネスを見極める際、ここでお伝えしたことを念頭に置いて、自分の道を踏み外すことがないようにしてほしい。当たり前のことを言っているように思うだろうが、実際に市職員で騙されている人は大勢いる。現役職員の方々の中にも、ねずみ講まがいのビジネスの話を持ちかけられ、その活動に没頭している人がいる。一つの行政機関に数人という単位ではない。驚くほどの人数が騙されている。

公務員在職中に一過性のビジネスに手を出すぐらいなら、その期間に資格勉強や、他人に役立つコンテンツ作りに励むべきである。そのほうが、長期的に見て圧倒的に得をする。全く稼げないうさん臭い話に騙される人はまれであるが、一過性で稼ぐことができる話に騙され、身を滅ぼす人がとても多いので、自己成長に結びつかない商売は深追いしないでほしい。

2 年収ばかりに気を取られて、稼ぐ意識が先行しないように

稼ごうとする意識だけにとらわれることなく、需要があると気づいて人の役に立とうと取り組むビジネスは成功する。この視点を、本格的に起業する際に忘れないでほしい。失敗するビジネスの共通点については後述するが、ここでは成功している事業者の共通点について触れておきたい。

私が松村塾を立ち上げた時、年収1000万円を目指そうという意識が先行して始めたわけではない。最初はボランティア活動として行っていたが、多くの人から依頼があって無料で対応できないぐらいの相談件数となり、市役所を退職した後、有料でサービスを開始したところ、多くの人に対価を支払っていただいて、事業を拡大してきた経緯がある。合格した人からの感謝の言葉は、会社員や公務員時代には得られなかった大きなやりがい（もはや生きがいといって良いほどの満足感をもたらすもの）を感じるものであった。受講者の方々に満足いただけるサービスをもっと提供しようと動画投稿やサポートを頑張った結果、松村塾が成長してきた次第である。他の事業者と関わっていても、人から感謝され、その人たちに応えるべく事業の改善に努めてきた方は、結果的に事業が拡大し成功し

ている共通点があると思った。

一方で、「私は絶対に年収１０００万円を目指す」と豪語する人は、怪しいビジネスに没頭したり、一過性で稼ぐことができるビジネスばかりに傾倒する傾向があり、結果的に稼げていない人が多い。こういったタイプの人は、自分は稼げていると豪語するが、詳しく話を聞くと、収入面をはぐらかす傾向にある。子どもの学費のために絶対に年収１０００万円を目指すと宣言する人はいるが、その人は自分の人生設計しか見えていなくて、顧客が本当に求めているもの・サービスを提供しようとする意識が弱い。結果として、労力に見合わないネットワークビジネスに没頭し、本来その人が持っていた素晴らしい特技を磨く時間を捨てている。お金は重要だが、人から対価を得るビジネスを考えるうえで、決して独りよがりにならないことが重要である。

地に足がついたビジネスに取り組めば、必ず顧客から感謝の言葉をいただくことがある。感謝の言葉は絶大で、あなたの考え・軸を確固たるものにする。たとえ自分の前に、自分よりも年収の高い人が現れたとしても、「自分には、自分にしかないことがある」と言い聞かせ、他人の考えに余計に揺さぶられることや、嫉妬することがなくなる。あなたが決してブレたり悪い方向に向かったりしないように、顧客からいただいた感謝の言葉は大切に、自分も周りも豊かにするビジネスを立ち上げてほしい。

3 起業する際に心がけるべきこと

私は大学卒業後、個人事業主としてスマートフォンケース専門店を開業し、その後5年間の公務員経験を経て、改めて起業した経緯がある。今は公務員対策指導塾「松村塾」をメイン事業として、年商2000万円以上の事業に成長することができた。年商2000万円は、大物起業家からすると大した数値でないと思われるだろうが、私は特定のオフィスを持っているわけではなく、パソコン1台とスマホだけでこの事業を運営している。つまり、経費がほとんどかからない状況なので、売上はほとんどが利益である。しかし、今は自分の事業を軌道に乗せることができたが、私にもこれまで多くの失敗談がある。その経験を踏まえて、あなたが起業する際に気をつけるべき点を挙げる。

まず、「他人のふんどしで商売する」ことに依存しないことである。つまり、他人の物を利用して利益を上げる商売は、継続性がないので過度に依存すべきではない。私は市職員になる前、ｉＰｈｏｎｅケースなどを取り扱う専門店を石川県で経営していた。当初は多くの収益を上げることができたが、ライバルが多くなるにつれて、同じ商品を扱う店が増えて競争が激しくなっていった。また、他人の物を扱う商売なので、国内に特定のスマホケースブランドの正規店が現れ、特定の売れ筋商品の販売停止を命じられるなど制約を受けることがあった。私だけでなく、海外ブランドを扱う友人も、ライセンス契約を剥奪されて収益の柱を失ったり、強力なライバルが国内市場に参入し、自分のシェアを大きく奪われた事例がある。

他人のふんどしで商売して勝ち続けるには、多くの資本が必要だと実感した。だからこそ、こういった商売は自分で一から作る必要がなく即金性のあるビジネスができる反面、それだけに継続して依存すべきではない。**第2章「02　公務員から民間への転職」**で述べたとおり、自分にしかないスキルや強みを身につけることが必須である。フランチャイズも魅力的だが、本当に得するのは本部であり、自分はそこまで多く稼げない構造になっているものが多いので、ジリ貧にならないかしっかり考えて始めるべきである。

次に、「参入障壁」を意識すべきである。参入障壁が低いビジネスの代表として、「転売ビジネス」が挙げられる。かつてはハードオフなどの中古品を扱う実店舗で商品を仕入れ、それをヤフーオークションで販売するだけで収益を上げることができた時代があった。だが、同じことを他人もすぐに実践できるので、現在は参入者が多すぎてこのビジネスは飽和状態となっている。つまり、資産と時間をかけなくてもすぐに再現できる商売は、すぐに多くのライバルが参入するので、これだけに長期で依存すべきではない。参入障壁が低いということは即金性があるビジネスなので、すぐに収益を上げられるが、その収益は自己投資や、自分しかできない事業に投資し、できる限り早い段階でそういったビジネスから脱却すべきである。現在も、マイナーな商材であればライバルが気づいていないので収益を上げられる商品はたくさんあるが、こういった穴場商材を多く見つけることは、とても難易度が高い。私はオンライン卸サイトを使って中国や米国企業と英語でやりとりしてスマホケースを仕入れて、実家の空き店舗でスマホケースの店舗を経営することでオンラインの依存度を下げ、ある程度参入障壁が高い事業として確立したので、強力なライバルはしばらく現れなかった。

もう一つは、「リスクを意識し戦略を立てること」である。自分の考えた戦略が根本的に崩れ去った場合、次にどうすべきかあらかじめ準備しておくことである。私は2020年3月に市役所を辞めて、大学前の空き店舗を使って飲食店を開業する計画を進めていた。だが、コロナ禍によって、大学は長期間の休校となり、実店舗の商売が成り立たない状況になってしまった。飲食業界の商売をしていた友人も、この時期に大勢が廃業した。私は周りからかなり心配された時期だったが、市役所に勤めて数年間、YouTubeで公務員受験生に向けたコンテンツを発信し続けていたので、公務員指導塾を開業することですぐに収益の柱を築くことができた。あなたが考えている事業に何か大きなリスクが潜んでいる場合、リスクマネジメントを徹底し、「想定どおり行かない時は次にこれを実行する」と考える視点を忘れないでほしい。

最後に、「現状維持では淘汰されること」を意識してほしい。今の自分では、新たな事業を安定して構築する総合的な力（人脈やスキル・資本力）が足りないと実感した時は、ジリ貧になる前に撤退することも、時には必要である。私のスマホケースを扱うビジネスは、年数が経つにつれて競争が激化しており、この事業をこれ以上拡大することは困難だと考えていた。大手に勝つ打開策が思いつかないので、今の事業だけに固執することなく、新たな選択肢を広げるべく、私は公務員を目指すため公務員試験対策を始めることにした。結果、公務員試験に合格し、日々公務員として業務を経験することで、公務員を目指す受験生を指導する基礎力を身につけて、今の松村塾を開業する基礎を会得することができた。店舗運営していた当時、その商売だけに固執していれば、今の私はそこまで安定した事業を築くことができなかったと思う。公務員時代は過酷な業務がたくさんあって苦労したが、その分、人に役立つ知識を提供する事業を構築する力を手に入れた。このように、撤退はあなたの人生を好転させるうえで重要である。今の事業をどうするかではなく、今の事業だけではどうにもならない場合、一度撤退し、その次に何をするかという視点を考えて、戦略的に行動することが必要である。

1 起業は意外と怖くない

起業と聞くと、多くの借金を背負って一発勝負というイメージを持つ方がとても多く、中には、一世一代のギャンブルと同じととらえている人もいる。だが、現在政府は起業に向けた支援を手厚く用意しており、様々な補助金制度を活用することで、創業に必要な資金を軽減することができる。

私のようにWebコンテンツを築いて稼ごうとする場合は開業資金ゼロ円でも可能である。また、店舗を構える場合も日本政策金融公庫などから低金利で借りることができる。特に日本政策金融公庫は10年間の長期ローンを組める融資制度があるので、審査が通れば計画的に事業を進めることができる。開業届や確定申告、事業計画書などわからないところは、商工会や商工会議所に問い合わせれば、サポートもしてくれる。このように、今の日本は開業したい方に様々な視点からサポートしてくれる体制が整っている。特に、若手や女性、シニアの起業支援制度は年々手厚いサポートが受けられるよ

利用可能な公的支援・相談機関一覧

各地域の商工会・商工会議所

確定申告や補助金申請の方法など、個人事業主の方が疑問に思うことに対してきめ細かく対応してくれる。特に、事業計画の策定などが必要な補助金制度を利用する際、審査に通るように経営指導員の方からアドバイスを受けることができるので、まず相談すべき機関。

市町村の産業振興関連部署

市町村で用意している支援制度に関する相談ができる。公務員経験者でも、産業振興分野の補助制度は複雑で理解が難しい場合が多く、また申請時期によっては予算が使い切られていて利用できないことがある。そこで、早めに自分が事業を展開する市町村の産業振興部署を訪問し、制度に関する相談を受けることをお勧めする。

各都道府県が設置する産業振興機構

地域によって団体名は異なるが、各都道府県には産業振興分野に特化した機関が設けられている。国や市町村にはない補助金額が大きい支援制度があることから、常にアンテナを張る必要がある。申請期間が短い支援制度が多いので、申請時期に注意。また、支援制度によっては審査が厳しいものがあるので、前もって担当者と協議し、制度の趣旨を理解したうえで申請書を作る必要がある。支援コーディネーターといった専門相談員を常駐させている地域が多いので、それぞれのコーディネーターの強みを把握したうえで利用することもお勧めする。

日本政策金融公庫

他の金融機関と比較して、安い金利で多くの資金を借りることができる可能性が高い。審査も民間の金融機関よりは緩いものが多く、駆け出しの事業者が資金を確保したい場合、まず相談すべき機関である。

うに、一層充実が図られているので、これらの層に当てはまる方は、その制度を利用しても良いだろう。

開業する際、最初に大きなリスクを背負うのは実店舗を構える業態のビジネスである。ここで、1000万円ほど借金すると、そのビジネスがダメだった時に首が回らなくなるので、お試し開業施設に進出することも検討してほしい。あなたが飲食店を開業する場合、自分の料理スキルを実践的に高められるだけでなく、特定顧客をリピーターとして囲い込むことで、お試し開業期間が終了した際に安定して顧客を呼び込むことができる。

自分の商売に興味を持ってくれるお客さんを増やすという視点はとても大事である。私はこれまでいくつも事業を立ち上げてきたが、最も重要なものは「資金」ではなく、「顧客リスト」だと考える。顧客に対して継続してアピールし、顧客を囲い込むという視点さえ忘れなければ、どのような事業でも安定して稼ぐことができる。

これはどのような事業にも当てはまる。私は市職員時代、ふるさと納税を担当しており、毎年多くの広告費をかけて寄附者にアピールするという事業を行っていたが、費用対効果を疑問視していた。だが、一部の自治体ではリストマーケティングという視点を取り入れて、事業効果を高めている事例も存在する。例えば、北海道の東川町である。ふるさと納税制度を利用した寄附者を東川町の株主と見立てて、株主証を発行している。その株主証を使えば、東川町に訪れた時に店舗利用でポイントが

リストマーケティングの事例

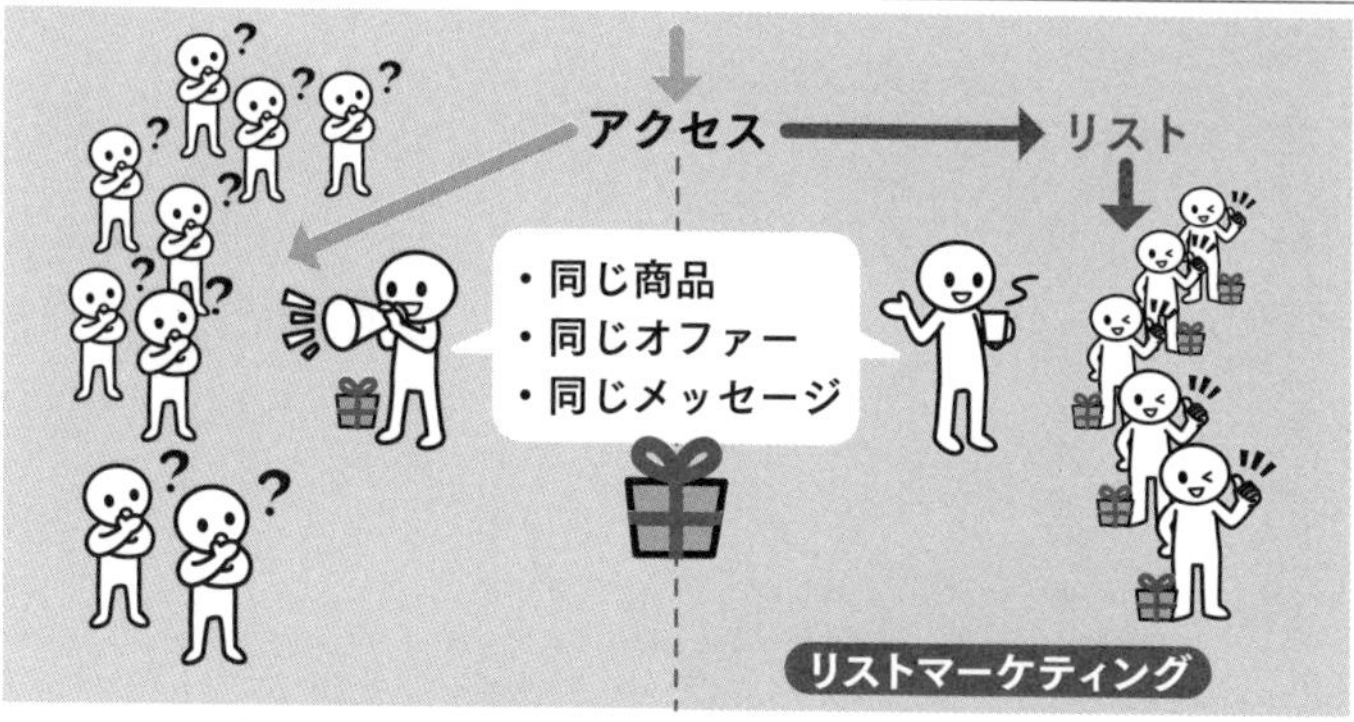

毎回商品を広告などでアピールするのではなく、
リストを用いて継続して見込み客にアピールするイメージ

（図の出典：「自作ホームページ集客ブログ」鈴木俊雄）
https://ts-smartplan.com/?p=16227

貯まるし、指定の宿泊施設も格安で利用できる。また、定期メルマガを通して、新規の返礼品が入った際にアピールも行っている。一度寄附していただいた方に継続してアピールする戦略を実行することで、雑誌広告やインターネット広告よりもお金をかけずに、効率的に成果を挙げることができる。

松村塾が2020年4月に開業し、1年目で年商1000万円に到達したのは、顧客リストがあったからである。現役市職員の時代にボランティア活動として公務員志望者に役立つコンテンツを出し惜しみなく提供し続け、多くの受験生が集まる媒体を築いたので、多くの見込み客をYouTubeチャンネルに抱えている状態でスタートすることができた。

現在、日本を含め世界中でインフレが進行している。サイドFireなどの言葉がネット上ではやり、ある程度の資金を貯めてセミリタイアを狙う人も多くいるが、インフレがさらに進行すると、それだけ考えている人にとっては、想定外の事態になってしまうだろう。もし、今後社会がさらに不安定化し、日本円が価値を大きく失うことになっても、継続して求める人にもの・サービスを提供できる仕組みが整っていれば、安定した収益を得られ、問題なく社会情勢の変化に対応できる。

顧客が求める「もの・サービス」はノウハウやスキルさえあればすぐに作り出すことができるが、それを購入する顧客に届ける仕組みが整っていないとビジネスは成り立たない。だが、顧客リストは、集客媒体や、口コミが生まれ集客できる環境がないと作ることができない。つまり、ビジネスを行ううえで、最も重要視すべきは、顧客を集める仕組みである。この要点を押さえておけば、起業は怖くない。

「私の全ての財産を持っていっても構わない。ただし、顧客リストだけは残しておいてくれ。そうすれば、私はすぐに今の財産を築いてみせる」

アンドリュー＝カーネギー（米国実業家、鉄鋼王、1919年没）

2 好循環を生み出して、自分で稼ぐ

多くのビジネスを経験していると、商売は順調にゆっくりと伸びていくものではなく、ある程度の地点に達すると加速度的に成長することができると実感する。特に、インターネットを活用したビジネスがその法則に当てはまる。なぜなら、実店舗中心のビジネスと異なり、オンラインのビジネスは全国が対象なので、うまくいけば全国の需要を一気に取り込むことができるからである。

松村塾のYouTubeチャンネル登録者数は、0人から千人まで2年かけてゆっくり増加していったが、千人から5千人は1年間であっという間に到達した。5千人に到達したあたりで、様々な企業からオファーが来るようになって、当塾の評判も口コミで広がり、今は登録者1万人に迫る勢いで成長し、多くの顧客を抱える指導塾へ成長することができた。この現象が起こる要因として、一定の規模に達するとあなた自身、あるいはあなたが行っている事業の実績が認められブランド化することが挙げられる。その地点に達すれば、同業他社と差別化して安定した基盤を築くことが可能となり、精神的なゆとりも生まれる。この段階まで達すれば、世間でも注目され、あなたは大勢の方々にとって必要とされる人材になる。私自身も、ここまで自分の事業が成長するとは考えていなかったが、市職員時代を含めて8年間、ずっと一つのコンテンツ作りに励んできた結果だと考えている。

どのような商売を行うにしても、人にはない優れたものを持つには年数が必要である。資格取得、技術の取得どれも当てはまる。たとえスタートラインで、周りのライバルよりあなたが出遅れていても、ひたむきに、ブレることなく、一つのことに特化してコツコツと取り組むことで、やがて大勢から認められる特技を持つことができる。この一つのことに特化する際に、選ぶものを間違ってはいけない。「01 意識面」の「❶自己成長の大切さを忘れないこと」でお伝えしたとおり、「自己成長に結びつき、かつ他人に感謝される」ビジネスであることを忘れないでほしい。

ここで、地域に根ざして商売を行う業態の場合は、自分だけでなく、周りの人たちにとっても有益なビジネススタイルを構築するという考えを取り入れることも有効である。なぜなら、地域の方々にとっても収益に結びつくｗｉｎ－ｗｉｎの関係を築くことで、口コミで顧客を広げることにつながるだけでなく、地域の報道機関や企業関係者があなたに協力的になってくれるからである。

具体例として、２０２３年８月に女性専用の「米ぬか酵素風呂」のお店を石川県でオープンした方の事例が挙げられる。米ぬかの中は60度～70度の温度となり、全身を温めることができる。血流促進効果や、肌の調子を整える効果があり、働く女性を応援するというコンセプトで事業を立ち上げた経緯がある。このお店は、地域の資源を活用した新たな産業として注目され、「北國新聞」（石川県内の地方紙）の地方欄で大きく掲載された。本来、報道機関は特定の店舗の宣伝に協力することはしないのだが、地域資源を活用して地域貢献しているという点が評価され、地方欄の記事に掲載されたと思われる。エステ開業を志す方も多くいるが、メーカーの既製品ばかり扱うのではなく、自分たちの地域にあるものを活かして、新たな見せ方をすることで、これまで取り込むことができなかった人々に刺さる事業を考案することも面白いと思う。こういったビジネスは、地域の人たちも協力的になってくれる可能性が高い。

私もスマートフォンケース専門店を営んでいた時、輪島塗の技術を活用したｉＰｈｏｎｅケースを販売する輪島塗職人の方と協力し、自店舗で販売した経緯がある。商品自体は月に1個売れる程度であったが、地域産業にも貢献する事業を行っていることで店舗イメージも向上し、年配の方々とのネットワークを築く際に役立つことがあった。また、行政の補助金制度は地域貢献している点を審査するものが多く、地域資源を活用した販売拠点として自店舗の事業を申請することで、いくつかの支援制度を活用することができた。行政の支援制度（特に地方自治体のもの）は、地域貢献に寄与する点を説明できないと申請できないものが多いので、地域資源の活用と、自分が実行したい事業モデルを組み合わせ、うまく補助金を活用するという視点も覚えておいてほしい。補助金によっては、地域貢献モデルとしてお墨付きをもらえるものがあり、あなたの事業をブランド化することで、好循環を生み出す起爆剤となる。

3 人脈の作り方

人脈は、商売の販路を広げる際にとても重要である。人脈を築くためだと意識して行動するだけでなく、日頃から自分の好奇心に忠実に動いて、思わぬところで人脈を築くことも必要である。退職前に取り組むべき人脈の作り方、退職後に取り組むべき人脈の作り方について解説する。

✤退職前に取り組むべき人脈形成

●マッチング商談会や事業者交流会に参加し、できるだけ多くの業界の人と関わる機会を作る

私は公務員時代、様々な企業と交流できるマッチング商談会に積極的に参加し、興味ある企業ブースを訪れて企業担当者と交流することで、その会社の担当者と仲良くなることができた。公務員という立場は、それだけで民間企業にとって公共事業の大口発注者になる可能性があるので、多くの企業から好意的な反応を得ることができる。そのため、公務員を退職する前に、公務員としての信頼ある立ち位置を活用して、多くの企業と人脈を築いておくことが得策と言えるだろう。

特に、大手企業や地域における有力企業の方々とのコネクションを作るうえで、公務員の立場は役

立つ。なぜなら、これらの企業は行政と仕事をする機会が多く、公務員であるあなたと人脈を築くメリットが、相手にとってもあるからだ。

ただし、人と人が仲良くなるには、お互いに打ち解ける共通の話題や、業界における話を展開していく知識があることが大前提である。企業担当者や事業者の方々と有益な情報交換ができない場合は、いくら立場上、あなたと関わるメリットがあると考えても、強い結びつきがある人脈を築くことはできない。日頃から自分が興味ある業界のことを調べたり、新聞から時事の知識を仕入れることで、特に経営者の方々との話し合いができる知識を身につけることに尽力すべきである。

●ＳＮＳ上の公務員同士のサロンに参加する

公務員の中でも革新的な取組みを行う人たちが交流する公務員限定サロンがネット上にはいくつか存在する。こういった公務員限定のサロンは、自分が公務員であるうちに参加し、人脈形成に役立てるべきである。同業者という一体感がある分、誰もが協力的であり、企業担当者と人脈を築くことより行動する難易度は低いと思われる。特に、自分の事業構想が明確に定まっている場合は、今後のビジネスでも関わりが生まれそうな活動を行っている公務員の方と積極的に交流すると良いだろう。

✤退職後に取り組むべき人脈形成

個人事業主として独立した場合、商工会・商工会議所に加入することで、地域の事業者とのネットワークを築くことができる。これらの組織では、地域の小規模な事業者と交流する機会が多くあり、思わぬところで他業種の方とのマッチングや、販路開拓に結びつくことがある。

また、女性同士の起業家や、同業種間の交流も一部地域で積極的に開催されているので、自分に応募資格がある場合は、そのようなコミュニティに一度参加してみると良いだろう。

4 成功できる事業の共通点

努力する方向さえ間違えなければ、公務員しか経験がない人でも起業を成功させることはできる。起業する業種に応じた個々の具体的なノウハウを本書だけで説明することはできないが、根本的に稼ぐことができない、あるいは稼げるスキルが身につかないビジネスに専念しない限り、トライアンドエラーを繰り返しつつあなたは高確率で起業家として成功することができる。私の経験則と、公務員を退職し起業した周りの知人の話を踏まえると、その考えは正しいと思う。

どのような業種であれ、時間をかけて他人にはないスキル・能力を身につければ、人から対価をいただくサービスを提供することができるようになる。前職が公務員で、現在エステを開業した知人も、一定数の顧客を囲い込むことができているし、飲食店を開業した人も、ひたむきに調理の技術を磨いて、店舗のＰＲ戦略を試行錯誤することで、ある程度の成功を収めている。

また、長期間の努力がなくても稼げるスキマビジネスもオススメである。スキマビジネスを見つける手段は、多くの人と情報交換することで、需要があって供給されていないものを意識することである。友人との会話や、多くの事業者と情報交換する機会で構わない。私は友人の結婚式に参加した際、友人がオシャレのために付け髭《ひげ》を装着している様子を見て、意外と付け髭は需要があるのではないかと考えた。そこで、インターネット上でリサーチを行った。その結果、ネット上には国内の同業者がほとんどいない状況で、一部の海外事業者がＡｍａｚｏｎや楽天などのＥＣサイトに細々と出店している程度であった。

海外事業者は海外から直接発送を行うので、販売価格で個人では太刀打ちできない。しかし、国内発送を武器に、商品の情報発信を日本人目線で充実させることで、「信頼」という付加価値を提供し、競合店と差別化できると私は考えた。商品説明や、装着した感想、日本人が装着したサンプル画像を掲載することで、海外の同業者が取り扱う同じ商品であっても、自分たちのオンラインショップで購入する人がいると見込んだ。実際にオンラインショップを立ち上げ、日本人目線で情報を掲載することで、私の考えは正解であったと気づいた。同じ商品を海外の同業他社は、自店舗より安く販売しているが、一部のお客様は信頼のおける国内のオンラインショップで購入する動きが見られた。私のオンラインショップは毎月売上が20万円程度の副収入であったが、開業資金10万円（オンラインショップの立ち上げ費用、サンプル商品の仕入れ代）で、毎月安定して稼ぐ媒体を築くことができた。この事例のように、人々は最安値だけを追い求めて、同価格の商品を探しているわけではない。あなたが駆け出しの個人でスタートした場合、類似するビジネスを行う人は多くいるだろうが、価格以外の付加価値を提供することで、たとえ同じ商品であっても、自分のところから購入してくれる人がいるということに気づいてほしい。私がスマートフォンケースの専門店を営んでいた時も、Lifeproofという防水ケースを格安で販売している競合店があったが、そのお店のサポート体制はメール問合せの対応のみであり、メール対応だけでは不満を持つ人々が、私の店から購入してくれたことがある。特に高齢者の方々は、防水ケースに関する疑問や、装着方法などのサポートをリアルタイムでできる電話対応を求めていることがあり、たとえ同商品で価格が高くてもサポートが充実している店舗を選ぶ傾向がある。既に強力な参入者がいて太刀打ちできないと自分の先入観で決めることなく、顧客ニーズを現場目線で探ることが重要である。

スマートフォンケース専門店を営んでいる時、意外と高収益を上げられたものが、高齢者向けのスマートフォンサポートサービスである。当初から計画していたわけではないが、私が店舗経営していた当時はiPhone4が爆発的に普及した時代であり、スマートフォンの使い方が十分に理解できない年配の方々が多くいた。私はオシャレで高機能なスマートフォンケースを、海外から直接仕入れ低価格で取り扱うことで、ライバルと差別化を図ることを考えていたが、オンラインショップの増加や、大企業の本格参入により、それだけでは競争に勝つことが難しい状況に追いやられていた。しかし、店舗経営する中で、とある年配の方がiPhoneの使い方がわからないと相談してきたので、簡単な疑問に対応してあげると、対価として5000円をいただいた。これがきっかけで、高齢者の方々がスマートフォンの設定に困っている際にサポートを行う事業も開始した。さらに、地元の別事業者の方が、iPhoneの修理サービスを行う予定があると提案を受けたことから、iPhoneケース販売とスマホ修理を行う業態の店舗を開始することにした。結果的に、物販だけではオンライン販売が厳しい状況だったが、接客の中から、新たな需要に気づき、オンラインでは対応が難しいサービス（高齢者向けのスマホサポートや、スマホ修理サービス）へ舵を切り業態転換することができた。同じビジネスを行っている事業者は全国各地にいるが、オンライン上で、このようなサービスを展開することはできないので、地域によっては独占することができる。これが実店舗の強みである。

オンラインビジネスは、初期投資を伴うことなく、全国区で多くの顧客に対応できる反面、同業者との競争に常に晒される傾向がある。実店舗はオンラインビジネスと異なり、その地域に根ざして出店する手間が伴うので、必然的に競合者は少なくなる。自分が進出すべき場所を適切に判断すれば、一見競合者が多いと思われるものでも、個人が参入できる余地はある。

これは「もの」だけでなく、コンテンツビジネスにも当てはまる。インターネット上にはあらゆる情報が溢れているが、どれが正しいものか判断することが難しく、また正確な情報にたどり着くことも難しくなっている。だが、書籍であれば、個人ブログではつかむことが難しい客層を取り込むことができる。また、書店を訪れて手に取ることもできる。特定分野において特定ワードを検索すると、数億ページも検索結果に表示される状況で検索エンジンの上位表示競争に勝ち続けることは難しい。だが、書籍であれば競合者は減る。同じコンテンツでも進出する場所を変えれば、競争率は変わるし、ユーザーも変わる。オンラインの時代と言われても、書店を訪れる人はいまだに多く存在し、特に学習参考書はオンラインでなく、実際にメモ書きできる書籍を望む人が多い。こういったオンラインだけでは提供が困難な領域で、個人でもできることを考えて進出する場所を選ぶと、スタート地点でも安定して事業を行うことができるだろう。

成功している方々は、自分たちで競合者に勝てる見通しを立てて、事業を本格始動している。この事業が儲かると聞いたからと、フランチャイズの甘い言葉などに惑わされないようにしてほしい。特に、ビジネスには参入するタイミングが重要であり、現在進行形で稼げているライバルが多くいるからといって、自分が参入した時に稼げるとは限らないものも多く存在する。その代表例が、流行ビジネスだろう。タピオカ、高級パンなどは数年間ブームとして続いていたが、今は大幅に市場規模が縮小している。大勢の人々に認知され始めたタイミングで、今がピークではないかと思われるものには、安易に多額の借金をして参入すべきではない。借金をしてこのようなフランチャイズビジネスを始めると、失敗した時、取り返しがつかないことになるので、手を出す場合も、自分にある程度の余剰資金があるときに限ったほうが良い。

5 できる限りノーリスクでビジネスを始める方法

起業する際、少し工夫するだけで初期投資額を大幅に減らしたり、在庫リスクを軽減することができる。ここでは、周りのネットワークや、市場リサーチ方法を活用して、自分が大きなリスクを背負うことなく事業拡大する方法を紹介する。

✤空き家を利活用し、初期投資を抑える

地方公務員を経験している人の多くは実感していると思うが、地方においては誰も使わない空き店舗が多く存在し、格安で賃借できるものがある。地方の場合は交通アクセスが悪くても、多くの顧客は車なので、駅から遠くてもさほど集客に問題ない。また、空き家をリノベーションする支援制度も、各自治体で充実したものを整えている。もちろん、あまりにアクセスが不便で過疎化が進んでいる地域だと集客性が低いので、物件の立地と自治体の支援制度の充実度合いのバランスを考慮し、出店する地域を考えても良いだろう。

✤不良在庫のリスクを持たない方法

前述の実店舗の事業は、代表的なものとして飲食店が考えられるが、飲食店は初期投資が多くかかり、また自分が料理の腕を磨く必要もあり、自分のスキルを磨いてリピーターを獲得できる技量を兼ね備えることが必要である。飲食のほか、エステ・美容室などのサービスも、必要な資格や知識を身につけ、リピーターを得る技術を習得することが必要である。

このように自分でスキルを習得することが合わない場合も、個人でほぼノーリスクで戦うことができる戦略が存在する。それは、不良在庫を持たない小売業である。売れない場合は、どこかが仕入れ値で買い取ってくれる、あるいはどこかに売れる確証があれば、あなたはビジネスを始めるリスクをほぼゼロにすることができる。近年、ポケモンカードがバブル状態となっていた背景として、たとえカードがフリマサイトなどで売れなくても、特定の事業者が買取りしてくれるから安心という仕組みが成り立っていたことがある。ポケモンカードの場合は、2023年6月に特定の事業者が一斉にカード買取りを停止したことからバブルが崩壊し、カードの販売額が急落したことで含み損を多く抱えることになった人がいるのだが、この事例のようなビジネスモデル崩壊が起きない限り、どこかに仕入れ値で売れるという確証があると、あなたは安心してビジネスができる。

具体例として、オンラインで売れている人気商品であり、かつ実店舗で取り扱いが少ない商品を取り扱うビジネスが挙げられる。例えば、海外買付けを行うバイヤーと直接売買ができるBUYMA

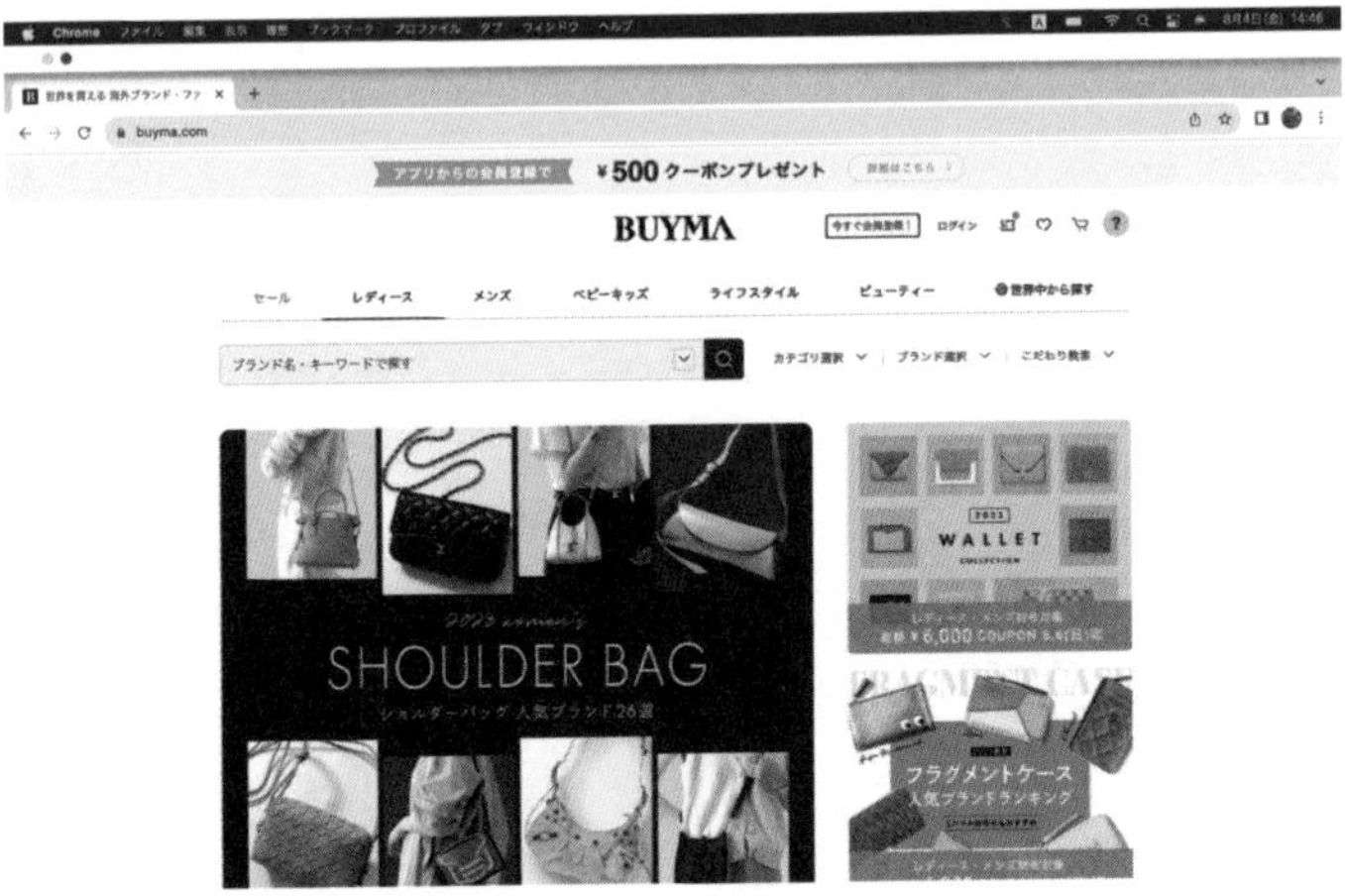

※出典：BUYMA ホームページ https://www.buyma.com/

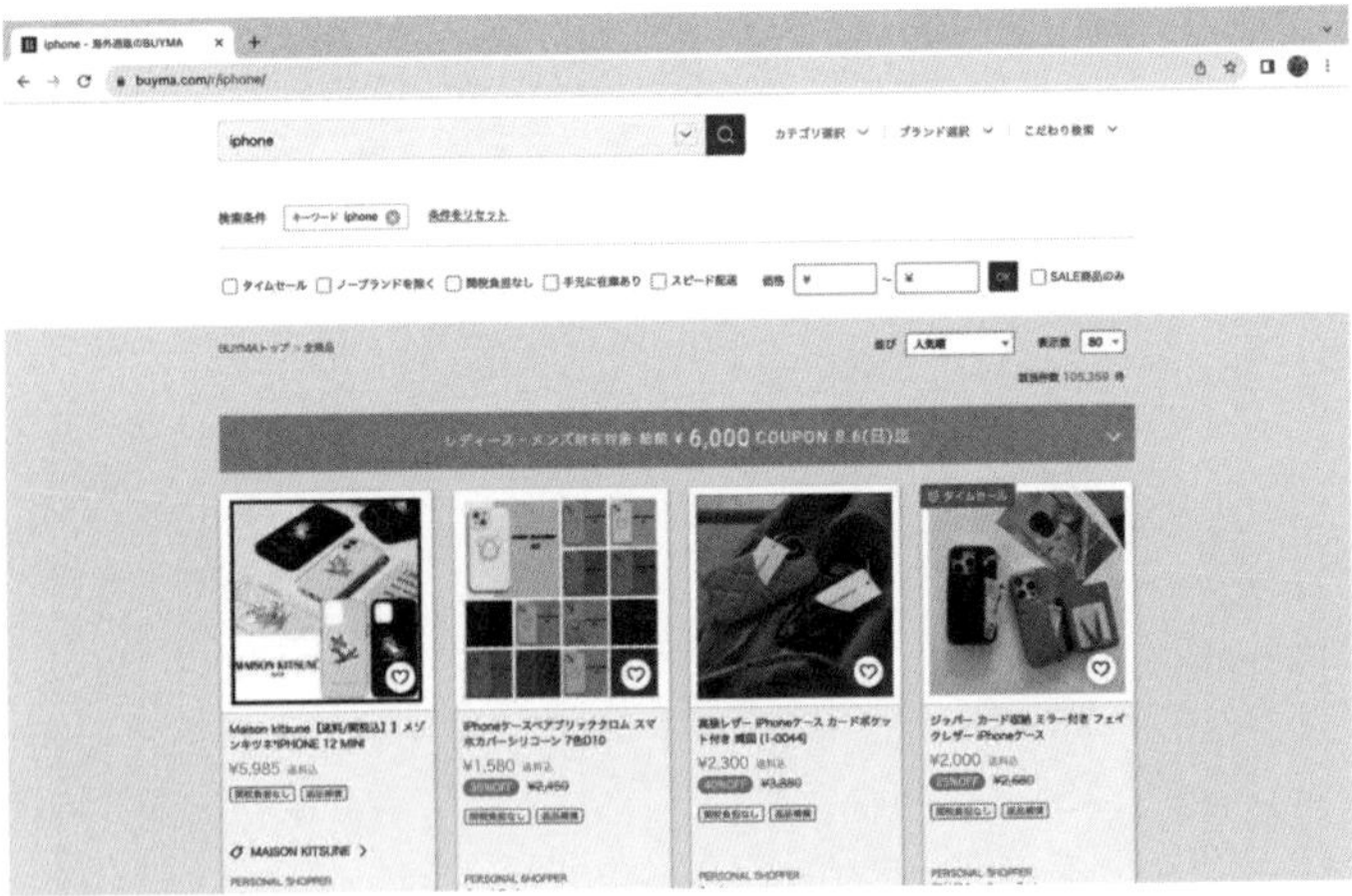

※出典：BUYMA ホームページ https://www.buyma.com/

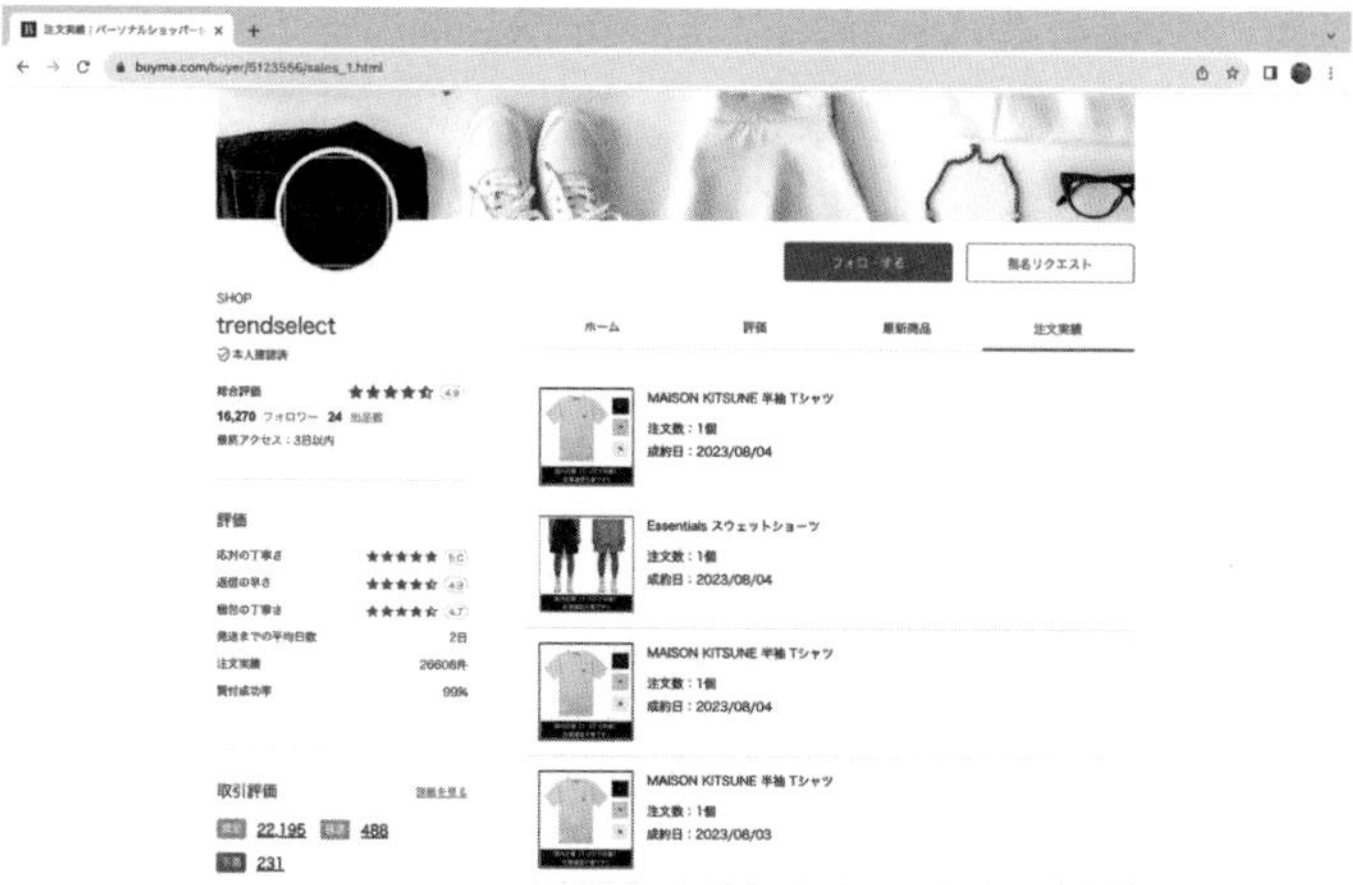

※出典：BUYMA ホームページ https://www.buyma.com/
BUYMA のバイヤーの注文実績から、実際に売れている商品を確認できる。

（バイマ）というサイトがある。このサイトで、自分の関心あるジャンルの商品を人気順で確認すると、売れ筋の海外商品が一目瞭然である。

スマートフォン関連グッズの場合、ＢＵＹＭＡのトップページに表示されている検索欄でｉＰｈｏｎｅケースを検索すると、売れ筋のスマートフォンケース一覧が表示される。これらの商品の中から、自分が実店舗でも売れる見込みのあるものを、ＢＵＹＭＡのバイヤーから仕入れることができる。

各商品を販売するバイヤーのプロフィール欄を確認すると、注文実績としてどのような商品が売れたか確認することができる。確実に売れている商品を選定して仕入れることで、確実に需要がある商品を扱うことができる。しかも、もし売れなかったら、ネット上で仕入れ値で販売してしまえば良い。ただし、スマートフォンケースの場合は新機種が発売されるので、タイミングを見計らって、みんなが乗り換える前に売り切ってしまうことが必要である。

子供服や雑貨も同じことができる。楽天、ヤフーショッピング、ＢＵＹＭＡなどオンラインサイトで、売れ筋となっている商品を仕入れて、店舗で商品として販売することができる。ここで注意してほしいことは、写真映えして、実物の魅力が劣る商品に引っかからないよう注意することである。特に洋服は、生地などの素材的な質感も重要なので、サンプル購入して、実際の質感を確かめることが重要である。

✤委託販売ネットワークを築くことも考える

実店舗で自分が接客する場合、それだけに多くの時間を取られて、他の事業に専念できないデメリットがある。また、初期段階では一定の売上げを確実に見込むことができないので、アルバイトを雇うこともできない。そこで、有効な手段として委託販売を行う方法が考えられる。委託販売とは、既にあるお店に自分の商品を置いて、売れた際、店舗に一定額の手数料を支払う販売手法である。自分が仕入れた商品や、自分が製作した商品に関連する店舗の方とネットワークを築いていれば、応じる側の店舗にとってデメリットがないので応じてくれる可能性が高い。私もスマートフォンケース専門店を営んでいた時、スマートフォンの修理店を営む方々に、自店舗で扱う商品を委託販売することで、売り上げ増加を実現することができた。

✤実店舗の販路開拓

地方においては、情報誌が意外と効果的である。インスタグラムなどＳＮＳによる宣伝広告のほうが効果的だと思うだろうが、未だに地方では地域のお店を紹介する情報誌を読んでいる女性層が多く存在する。私がスマートフォンケース専門店を開店した際、無料情報雑誌にある広告費５万円ほどの小さな広告枠に掲載したところ、客数が１日10人から１日１００人に増加したことがある。ＳＮＳの場合は広告料が高くなる傾向があり、専門業者による広告出稿管理費も要する。特定の地域で競合他社が少ない場合は、その地域に根ざして確立された情報媒体を活用して店舗宣伝を行うことも有効である。飲食店も、最初の顧客を取り込む上で有効だと思われる。

ただし、同業他社がひしめく場合は、この宣伝手法は効果が限定的であることがあるので、注意すること。例えば、美容室やエステは地方でも乱立状態にあり、情報誌だけで多くの新規顧客を取り入れることは難しい。実際に、地方の無料情報誌に広告掲載した美容室やエステは、あまり客数の増加は見られなかったという意見が多い。ジャンルによって大きく集客効果が変わることを念頭に置いて、雑誌広告は有効利用してほしい。

✤手軽に始められる商売はいくらでもある

自分に大きな資本がなくても、始めることができる商売はたくさんある。特に、時代の変化に応じて需要が爆発的に伸びているにもかかわらず、供給が追いついていない分野に注目すると、スキマビジネスはいくらでも見つけることができる。例えば、ふるさと納税に関する事業である。近年、ふるさと納税においては、返礼品の高還元率（寄附した額に対して、どれくらいの見返りがある商品がもらえるか）競争が激化している。一方で、地方自治体にとっては、いくら返礼品を充実しても、また別の自治体が更なる高還元率の商品を用意すると、その自治体に寄付者が流出してしまうので、返礼品頼りの戦略を見直しているところが多い。また、コロナ禍によってふるさと納税の認知度がますます高まったことと、2023年からコロナ禍が収束しつつあることによって、体験型返礼品の人気が上昇しているという動きがある。この変化を読み取ると、体験型返礼品を紹介するコンテンツのニーズが高まっており、今後は人気コンテンツになる可能性を秘めている。

実際に、2019年には株式会社Ｒｏｏｔｓという会社が「さといこ」という体験型返礼品に特化したポータルサイトを立ち上げていた。このサイトでは、各自治体の体験型返礼品をふるさと納税制度を利用し寄附することで購入することが可能であり、さらに宿泊日を予約してその地域に旅行できる仕組みが整えられていた。しかし、永らく続くコロナ禍により、国内旅行需要が回復しないことから2021年にサービスを終了した経緯がある。

だが、今は国内旅行、海外旅行の需要がコロナ前に戻りつつあり、この分野のサービスは、大勢に刺さる人気コンテンツになることが確実視される。もちろん、個人がこのような立派なポータルサイトをいきなり立ち上げることは、マンパワーや資金を考慮すると現実的ではないが、体験型返礼品を紹介するレビューサイト、レビューチャンネルを立ち上げることはできる。これから体験型返礼品の増加はますます見込まれており、お得度の高い体験型返礼品の比較や、体験型返礼品のレビュー情報を求める人は大勢現れるだろう。このジャンルに特化したコンテンツは個人でも小規模な媒体であれば着手できるので、できるところからWebコンテンツを作ると良いだろう。体験型返礼品の宣伝方法は、地方自治体も悩んでいるところがあるので、地方自治体に向けて体験型返礼品を試用させてほしいと営業すれば、いちいち返礼品を購入する必要もなく、体験させてくれるところもあるだろう。全ての自治体がこちらの提案に応じてはくれないだろうが、初期段階は一部の自治体でも構わない。この地道な努力を積み重ねることで、ある程度の情報を集約し、集客力あるWeb媒体を築くことができれば、地方自治体や企業から逆に宣伝させてほしいと協力依頼が来ることだろう。この好循環を作ることができれば、独自の安定した収益を生むビジネスが完成する。

✤余計なトラブルは回避する　ガバナンスは重要

大企業でなくても、ガバナンス（統治）は必要である。お金が絡むと性善説は成り立たないということを念頭に置いたうえで、共同経営や委託販売には気をつけてほしい。つまり、人間誰でも魔が差すことは起こり得るので、不正ができる環境に置かないことが重要である。私も委託販売を行っていた時、とある事業者が実際に売れた商品を売れていないと計上していたことが発覚し、その事業者と揉めたことがある。だが、不正を犯した人は、不正が暴かれたからといって、心の底から反省する態度を見せることはまれである。なぜなら、そういった行為を犯す人は、自分はこういった不遇な立場に置かれていたから不正を行ったと正当化するからである。だからこそ、定期的に販売している環境を巡回する、棚卸しを自分も行うというチェック体制を整えることが重要である。先ほどの事例も、私が3か月間、別の事業に専念していて棚卸し作業を保留にしていて、久しぶりにその事業者のお店で委託販売していた商品の棚卸し作業を行った結果、発覚した経緯がある（久しぶりに訪問して棚卸し作業を始めると、理不尽に怒るなど不審な点も事前に感じられた）。

大きな組織でも同様のことは起こる。特定の人に権力やチェック体制が集中していると、そういった人に限って不正を犯してしまう。あなたが誰かと事業を行う時、「不正のトライアングル」を意識して、絶対にトラブルが起きないようにしてほしい。

COLUMN

不正のトライアングルとは

不正のトライアングルとは、「機会」「動機」「正当化」の３要素を指しており、これらの要素が揃うと不正が起きるという理論である。

機会とは

機会とは、不正行為を容易に実行できる環境を指している。例えば、ある商品がなくなっても誰も気にしない、勤務時間中の外出が違和感を持つほど多いと感じていても誰も指摘しない、特定の取引先と密室で会議を繰り返しても、誰も指摘しないという状況である。現金を扱う権限が集中していると、不正を犯す機会としての要素がかなり高まる。

動機とは

動機とは、不正行為を実行しようとする主観的な事情を指している。例えば、借金を抱えている状況に置かれることや、過度なプレッシャーにより現場に不満を抱えている状況である。

正当化とは

正当化とは、その言葉のとおり不正行為を正当化する主観的な事情を指している。例えば、自分だけが不平等な契約を結んでいて儲からないので、多少横領しても構わないという心理状態に陥っていることが挙げられる。また、上層部と自分の待遇が違いすぎることから、不正を犯さないと割に合わないと正当化してしまうことである。自分だけが劣悪な環境に置かれていると被害者意識を持ち、本来の誰もが持つ正しい倫理観を失って、不正を犯すことを正当化してしまう状況が挙げられる。

これらの３要素のうち、「機会」はすぐに対処することができる。現金や商品の二重チェックは欠かさないようにする、定期的にチェックするルールを厳守するといったことを絶対に心がけること。一度不正を誰かが犯した場合、たとえその人を糾弾しても、その人は被害者意識を高確率で持っているので、逆にあなたを非難しようとする可能性がある。つまり、人間関係で多大なストレスを抱えることになるので、誰かと組む以上は不正を犯す機会を排除することを忘れないでほしい。

✤地域おこし協力隊は、段階的に起業を成功させる有効な手段

私自身も本気で検討していた方法が、地域おこし協力隊の制度を活用した起業である。地域おこし協力隊とは、地方自治体職員を経験している人はご存じの方が多いと思うが、都市地域から過疎地域に拠点を移し、地域ブランドや地場産品の開発、地域のPRなどを行いその地域に定着を図る制度である。この制度では、非正規職員として、その地域に根ざして人脈形成しながら働くことができる。「都市地域から過疎地域」という説明が総務省で用いられているので、自分の暮らしている地域から離れた地域でないと勤めることができない印象があるが、近隣エリアでも問題ない自治体は多い。例えば、私の地元である石川県において、県庁所在地の金沢市の地域おこし協力隊の募集条件を問い合わせた際、同県内でも応募可能であることを確認できた。地域おこし協力隊は、最長3年間、月16万～20万円の給与で、自治体から特定の業務を請け負い、その地域で起業を目指す仕組みとなっている。つまり、地方公務員として信頼ある身分で、その地域で人脈を形成しながら、3年間最低限の生活ができる給与をいただいて、起業準備ができるという優れた制度なのである。特に、地域資源を活用した新たな商品開発や、空き家を利活用したビジネス、飲食店などを本格的に始めたい場合は、地域との結びつきがとても重要であるので、この制度は有効である。

ただし、地方自治体によって、地域おこし協力隊を募集する目的は異なっているので、注意が必要である。特定の団体の担い手として募集している場合があるので、その団体を継ぐ意思がない場合は

その自治体に応募すべきではない。また、協力隊の期間中に自治体から課される業務も大きく異なる。移住定住を行うコーディネーターとしての業務を課す自治体の場合は、主体的にその自治体の移住促進を行う業務に専念しないといけないし、成果を挙げられない場合は契約更新を打ち切られてしまうリスクがある。空き家調査などの地道な作業も課す場合があるので、地域おこし協力隊に応募する場合は、その自治体で具体的にどのような仕事が課されるのか、何が期待されているのかはしっかり確認する必要がある。この確認を怠ったがために、採用後、自分がしたい業務と異なる雑務ばかりやらされたと、協力隊との間でトラブルが発生している自治体が数多くある。なお、地域によっては協力隊の起業支援体制が充実しているところもあるので、そういった地域で活動することも得策である。

地域おこし協力隊は、担当職員や課長クラスの職員と信頼関係を築くことも重要である。協力隊には給与とは別に活動費として約200万円の予算が割り当てられるのだが、その費用を使うには、担当職員や課長クラスの職員の了解が必要となる。ここで、お互いの信頼が破綻しているために、予算を使わせてくれなくて揉めているという話を聞く。活動費の200万円を使うことで、自分の懐を痛めることなく、今後に結びつく活動を展開していけるので、うまく市職員の担当者と付き合うことが大切である。

最後に

本書で、最後に伝えたいことは、「世の中に絶対的な安定は存在しない。現状維持に甘んじていては淘汰される」ということである。私の父は、共済組合に加入できる準公務員の組織に転職が決まり、しばらく家族で安定の生活を送っていた。しかし、私が高校の時に組織再編の影響で突如クビを告げられた。これが私にとって、頼るべきは自分であり、組織に絶対に依存してはいけないという考えを持つ原体験となった。ある自治体の保育士区分の試験に合格した知人も、公立保育所の民営化に伴って、山間部に勤めることになり、労働環境が悪化したと話していた。組織はあなたを生涯守ってくれるものではない。組織という看板を捨てても、あなた自身が世の中に必要とされる能力と知識を持つことが重要である。

本書では、副業や株による資産運用、公務員から独立する際に気をつけるべきことを伝えたが、全ての項目で共通していることは、次の内容である。

- 常に世の中の流れの変化を把握すること
- 変化をつかみ、適切なタイミングで参入すること
- 自分で生き抜いていける資産や能力を持つこと

日頃から新聞・ニュースを読んでいる人は実感していると思うが、世の中は日々大きく変動している。大手

企業が一人勝ちしているジャンルでも、世の中に大きな変化が訪れることで、個人でも勝ち抜く場所が出来上がるのである。例えば、私が実際に開業した公務員指導塾も、コロナ禍の前は大手予備校が提供する講師の方と対面での面接指導のニーズがとても高かった。しかし、コロナ禍によって予備校は休校となり、また公務員試験もオンライン面接が普及することで、オンライン指導の需要が一気に高まった。その時、現役市職員時代に公務員希望者が集まる媒体を築き上げていたYouTubeチャンネルを広告塔として活用し、オンライン指導塾を開業することで、わずか半年で500人の生徒を抱える人気の指導塾に成長させることができた。

一部の方からは、「コロナ禍でたまたまオンラインのニーズが高まった時期に、オンライン指導塾を立ち上げたから成長できたので、お前は運が良い」と言われることがある。だが、それは違う。なぜなら、常日頃から世の中の動きにアンテナを張って、行動し続けたからこそ、適切なタイミングで、適切な商売を行うことができたと考えているからである。

あなたが取り組みたいことは何か、世の中の需要と供給を見極めて、自分でも活躍できる領域があるかという視点をしっかり養い、今後取り組むべき自分の軸をしっかりと固めてほしい。もちろん、副業や資産運用、起業は、他人の成功談を完全模倣するだけでは成功できない。だが、本書ではあなたにとってヒントになるものを出し惜しみなく記載した。このヒントから、日々自分で考え行動し、望むべき幸せな人生を勝ち取ってほしい。

2023年10月

松村塾代表　松邑和敏

Staff

編集
小山明子

カバーデザイン
マツヤマ チヒロ

本文デザイン・DTP
株式会社　森の印刷屋

編集アシスト
田中　葵

エクシア出版の正誤情報は、こちらに掲載しております。
https://exia-pub.co.jp/

未確認の誤植を発見された場合は、下記までご一報ください。
info@exia-pub.co.jp

ご協力お願いいたします。

※本書に記載されているURL・団体名等は2023年10月現在のものです。
※本書を参考にした投資や起業等のいかなる結果についても、著者・監修者および弊社は責任を負うことができません。投資や起業等は自己責任でお願いいたします。

著者プロフィール

松邑 和敏【公務員対策指導塾「松村塾」代表】

慶應義塾大学環境情報学部を卒業後、小売業界に勤め、その後オンラインショップ事業、実店舗経営を行う個人事業主として開業。2016 年に能美市役所に入庁し、企業誘致、移住定住促進等に携わる。2020 年に退職後、公務員試験対策の指導や、企業に対して行政向け営業アドバイスを行う「松村塾」を開業し現在に至る。累計 2,000 人以上の塾生を指導し、7割以上の合格率を実現するだけでなく、一部上場企業ともタッグを組み行政と企業を繋げるコンサルティング業務も行う。

松村塾　https://matsumura-juku.com/　→

第1章「01　資産運用を行う」監修

鮎川 健【元小倉優子日本株オフィシャル講師】

サラリーマン投資家。愛車はランボルギーニ・カウンタック。多くの投資系メディアに登場、株価数倍の暴騰を遂げた注目銘柄は数え切れず。「個人投資家が見習うべきは、バフェットよりこの人！」「低位株の神様」と評される。著書『テンバガーを探せ！ 10 倍儲かる低位株投資術』『目指せ 10 倍 低位株投資ライブセミナー』（いずれもダイヤモンド社）

X（旧 Twitter）　https://twitter.com/ken_ayukawa

正々堂々とできる！　公務員の副業・転職・起業

2023 年 12 月 2 日　初版第 1 刷発行

著　者：松邑和敏

発行者：畑中敦子

発行所：株式会社 エクシア出版
〒 101-0054　東京都千代田区神田錦町 2-1-5

印刷・製本：モリモト印刷株式会社

ISBN 978-4-910884-14-1　C0030